明清科考墨卷集

第二十五冊

卷七十三
卷七十四
卷七十五

林祖藻 主編

LITERARY TIMES
蘭臺出版社

第二十五冊　卷七十三

為之猶賢乎已

汪遵路

有為之賢于無為也，勿論其所為之何事已。夫為在博奕，甚惜其為之無益也，然以視自棄其心者，不猶彼賢于此乎。子蓋為無所用心者戒之曰：夫人一置其心于無用之地，天下尚有何事焉不足起而勝我者哉。非必其擇術之明與托業之正也，雖區區藝事之末，亦得起而衡勝于我。蓋甚哉，不用其心者之無往不出以下也。即如一博奕乎，夫以無所用心之故而至于博奕，則遠大之業所失已多，然以博弈之故而能用其心，則小物之勤豈云無當。吾試即為博奕者思之，為之則必竭其才，為之則必竭其慮，為之

得旨
己字起
○神○
○便○取○猶○賢○二○
○得○註○中○甚○言○不○可○之○意○
開
○實○為○字
○疊○頓

為之二字加用心

則必極纒勞之苦而勿恤其勞為之則必致圖度之詳而勿辭其瘁若是者何也既已為之不用其心不得不盡用其心不得也彼

振醒已字　翻出賢字

蓋日孳孳焉而不自已也而或則惜其為之之徒勞而或則譏其為之之無益以為人具此才智具此聰明奚不謀其大而僅謀其細奚不期其道成而上而止期其藝成而下也其為也不如其已

二凡為緒字轉落

也而爲乎賢也夫吾豈謂為博奕者之計得乎哉但以其才智用于不必用之處與並置其才智于不用者可必有辨也吾又豈謂為博奕者之策善乎哉但以其聰明用于可不用之地與並棄

複筆更醒

其聰明于無用者得失當有異也彼蓋日孳孳焉而不自已也大

抵人之心勞則神智日生逸則神智日索勞之愈于逸也夫人而知之也縱勞非所勞不（熟快）猶賢于逸焉者乎而謂（掉脫本旨）可自甘于逸乎抑人之心動則精神日出怠則志氣日靡勤之愈于怠也盡人能識之也縱勤非所勤不猶（是循要意）賢于怠焉者乎而謂可終安于怠乎兩事相懸而優絀見焉兩事不甚相懸而優絀亦見焉彼可已而不已較之不可已而已者事之優絀相間雖甚無幾然（醒）猶爭此一間矣而天下（推闡一筆本旨找醒）事無一不出于其上可知也兩人不相類而高下分焉兩人若相類而高下亦分焉彼不宜為而為較之宜為而弗為者人之高下其等本自無殊然猶若有差等矣而天下人無一不儆以

所長可知也。嗟乎人孰無心哉衍、出博奕下哉

只甚言無所用心之不可耳。原不沾沾與博奕較量也。抑得倒

揚得起。猶字神理。描繪入微。出落層次為初學第一要義。此

義既明。則行文諸法自可循途而得。不然。縱有奇思異采。都無

足觀矣。斯文逐字出落。層次井然。舉一反三。不勝厚望。曹搢珊

爲之難言之得無訒乎

十三名　黄景星

擬仁者之存心、可以得言訒之故矣、夫仁者非故訒其言也、蓋難於爲、言故有不得不訒者、仁者之存心如此、曉司馬牛若曰、今以人人易肆之端、仁者獨斂然而不敢放、人第知其懾於外也、不知其惕於中、惕其心於獨知之地、何暇使人共知、惕其心於獨見之中、何遑與人共見、當其凝神淵默、艱苦卓絕之況、可自喻而不可告人、然後知其訥訥不出之心、即其皇皇不已之心也、夫子何以易視言訒乎、今夫仁者之言、仁者之心也、仁者之不敢肆其言、仁者之不能自禁其心也、性理精微之故、非口舌所得而爭、方寸區區存之而不見有餘較之而恆憂不足仁者所以斂浮誇之意氣而課措躬行心身存遏之功非論說所得而假神明惕惕見爲盈而其蘊易減見爲歉而其任愈艱仁者所以懾浮動之英華而歸之實踐盡仁者之叙長言也仁者之有難焉者在也其最摯者在閒存之力而其燕慜者即在克治之心其專精者在真積之功而其獨任者即在隱微之地從來愈研愈精之理惟身履其境者爲能然喻其苦衷乍求焉而任重力致焉而任愈重久之而深得其甘苦疾徐之致而始嘆言思擬議之俱窮從來漸推漸滿之程惟心入其中者爲能自形其歉仄驟涉焉而道遠直追焉而道益遠

久之而深悉其曾累曲折之端而始悟馳驟縱橫之多愧其爲之也其難也爲問仁者之言訒乎無訒乎理爲人生所固有仁者何妨以其言公諸人乃心知其公而不得不失於私者爲迫之也當夫夙夜操存人見其淺仁者獨見其深言焉而已疑於躁人得其甘仁者適得其苦言爲而猶患於踈即至欲淨理純而深沉不露之懷猶若不成如量以出者難於此不得不難於彼也仁者有裕於言之先者其性爲天下所共尊仁者何妨以其言同乎衆乃意欲其同而不得不盟於獨者爲凜之也當其精神內斂志益奮益堅仁得其全言之亦未盡其半心愈持愈小仁無所歉言之且

復留其餘即至盡人合天而存養罔懈之功猶占不敢輕失諸口者難於先不得不難於後也仁者有餘於言之外者耳仁者之存心可知矣

爲之難言之得無訒乎

八名　馮本周

仁者愼於所爲言之所以必訒也蓋人之易其言者惟其僞之妄
耳仁者之爲實難安得而不訒其言哉且仁者策躬勵行其詣忠
之精神不可得而窺也而其吶然不出之心未始不可以相擬蓋
言以宣心託於虛者易文心以應事勉於實則有成夫惟持循既
切有能守之確而擇之精斯日起有功而心口不容以相假矣爾
知仁者其言也訒亦知仁者之言所以訒乎今夫言之縱也必其
心未欲爲之也必其心未知爲之之難也而仁者用是凜凜矣企
精修於眞備之程所蓄同伸[illegible]息不容以或偶倘舉念欲希純

福建閩　中科　十四年五房

粹而出言未絕華安能以為一致窮着漸收乎造次不違之效
期進取乎純全之詣斯日用行習在在難昧其率從倘一息不忘
乎任重自終身可免乎詞多安肯以敷陳無已老少間其至誠無
安之歸然而仁者非〻〻於訒言也惟有為之而已矣從來克復
之功必沉潛有為於己臻其全量課功者何暇自鳴得意乎神明
之化參以言則日散其紛馳積以為則日形其光大緬精微之品
請正無俟高談雄辨致滋憧擾於中藏也孜孜焉常存敦篤之思
戒欺求慊無所慽於中崇實黜浮無所紛於外念慮專而用情孏
摯亦自審其趨向之方已矣然而仁若固非難於言也亦惟難於

爲之耳從來敬恕之旨惟先難後獲始日見其就將用力者能遠
自其底蘊乎進修之際出以言則常覘其身臨勵以難則官底於
高明望重遠之程途良難以客氣浮情遂謂推行之盡利也循循
然不避艱辛之歷朝乾夕惕抱憾滋多盡性踐形懷慚靡少真積
久而偶妄潛消遂自泯其誇張之意已矣莫難於性情之易蹤而
爲之欲矯其偏夫此欲矯其偏之心仁者亦自精所學初何敢謂
然自矜乃可時躁釋矜平似可以共質諸師友而仁者獨歎焉
非拘也言之苟勝仁而愉快焉之即始察而終踈則卻顧傍徨不
必淺爲慎重而意氣[illegible][illegible]疵[illegible][illegible]莫難於遠際之多艱而爲之欲

福建闈 [illegible]科 第五房

彌其憾夫此欲彌其[illegible]心仁矣亦祗求無愧又何嘗持以告人乃有時境過事遷何也可以言稍抒其抑鬱而仁者必謹焉非僞也爲之方委曲以求合言之詎擲來而快意則瞻前顧後原非過示含容而茹吐殊難率爾矣牛乎爾其勉爲訒言之仁人可乎

爲之難言之得無訒乎

五名 劉埜

而所爲以觀仁者、可知言之所以訒矣、夫仁固無不難者也、牛易視言、亦知爲之所以難、而言之所以訒乎、謂夫學者從事修途、方將樂天壤難齊之數、極古今難盡之功、成學問難能之品、而顧自矜造就、修口肆談、要唯意有難安、抑亦情有難及、匪唯心有難忍、抑亦事有難兼、蹤率者一[illegible]爲無難、而不知力求其難之心、有一難而胥無不難者、遂不覺其與口之交瘁矣、牛以訒言不足盡仁、亦未知仁者之用心耳、夫仁者固以爲自任者也、其立心甚苦、嘗獨辨夫理欲天人之界、而不憚煩勞、當其覘意求深、視斯世之立說著書要不過文章之末節何必以講求未暇資口舌以見長其制行甚高嘗力持天古今絕續之交而不辭艱鉅方其縱心求勝視吾人之片辭隻句正自闊著ミミ全神何能以擔荷維艱遑詞章以自顯牛固易訒之矣不知爲之難也爲之難斯言之訒矣何疑於仁者乎持好高之論必欲極其難以凌駕古今而仁者所爲則不爭功名而爭造詣斂寸心以内照一日有難安之隱即畢生有難赴之程策之以爲而難轉多勵之以難而爲愈絀則吐茹足不易也且夫仁者非因其難自諉也力所難逮貞以神量所韜固故以氣其視爲甚重則視言自不得不輕蓋至論辭之間特形

爲之難言之得無訒乎　劉堃

歟反而後知仁者之刻苦深矣孰見小之情方將奇其爲以震驚
凡俗而仁者所爲則不務高遠而務精專操片念以長存此心一
難慇之端即此口有難宣之隱難在一事而爲未已爲在事事而
難轉加則諳然殊不安也且夫仁者非好以難自高也責所難辭
無驕志分所難分無偷功其所爲漸盈則所言自不得不然蓋至
戒謹之際彌覺悚惶而後知仁者之敏求至矣大抵學者之心有
專用不能兩用用以存理即用以去私不厭爲之多豈慮言之寡
也忘其難而遽進者躁畏其難而姑待者需實之以爲爲增而言
誠焉故非有意於而唯於所爲貞卓絕之行學人之力欲兩騖

則必致兩荒驚爲人心又驚爲膺口漸覺難之苦終樂言之甘矣偶爲而自炫者矜智爲而自鳴者妄怵之以難難盡而言留虞故唯不忘其難而特於訒言泯恥匪一旦生其知之

為天下得人者　友教上卷　第一名

人繫天下之重可為得之者想焉夫天下之治非人不可而人何以得為天下得也曷勿即得人者思之且聖人之治天下以一己治之乎正以天下之人共治耳顧天下不盡能治之人則擇之不可不嚴而天下不乏致治之人則用之不可不急惟嚴於擇人急於用人無非為天下求治人而其情之殷殷於天下者真足令人慕繫人思也不觀堯之於舜舜之於禹皋陶乎其未得而即憂者何為天下憂也其既憂而旋得者何為天下得也此豈徒分人以財教人以善云爾哉堯舜知天下之民不可以不養於是為天下求養民之人而皇皇然惟恐其不得是不

必分人以財也而天下之財存乎其人矣堯舜知天下之民不可以不教於是為天下求教民之人而鰓鰓焉務期乎必得是不必教人以善也而天下之善存乎其人矣然而是人也負救弊扶衰之畧而自待不苟苟非虛己以下之吾恐相需甚急而相遇終疏則恭敬之意宜存於未得以前是人也挾扶危濟困之策而自命不凡苟非推心以待之吾恐知遇有日而幹濟無期則信任之情宜存於既得以後吾乃知放勳之天下不可無舜堯之急於得舜者非必有私於舜也為天下也重華之天下不可無禹臯舜之急於得禹臯者非必有私於禹臯也為天下也想其欲得之初或試以觀型或稱為幹蠱或誇為邁種其密為考核者在是人其隆意為推崇者亦在是人也此際之審慎孰

不謂其太過歟而不知為天下正有不得不如是之審慎者及其將得之際或納於百揆或勞以四載或勅以五刑其深而信者惟是人其專而任者亦惟是人也此中之鄭重孰不謂其太甚歟而不知為天下正有不得不如是之鄭重者何也人未得則利不興害不除天下誰為其濟之徒而人既得則民可立教可教斯人實造蒼生之福以故懷襄之天下易而為清晏之天下而洪水不能災天下草木不能害天下禽獸不能偪天下天下於以樹五穀奚須分以畀天下於以重五倫奚須教以善然後嘆聖人之為天下計者至深且遠也仁也

規重矩疊結構謹嚴

為天下得人者謂之仁　存真集　徐上青

得人以天下為量惠與忠不足言也蓋一言天下則盡乎人矣而分財教善胥於得人裕之別夫惠與忠而謂之仁是不足以見聖人之全量乎謂夫許子欲以異端亂滕而藉口於仁政之行因舉厲民以為說是必厲己而後可以行仁矣夫仁私於己而公於人與仁公於人而不廣之天下均難語於行仁之量之大也蓋行仁之量之大者不以己自與而必以延攬英賢為公亦不以人自封而必以涵濡天下為量夫是故勞心為甚鉅而所憂有獨殊也不然彼分人以財是亦以養民者仁民也教人以善是亦以教民者仁民也乃不謂之仁而僅謂之忠與惠者

何哉蓋仁民之身而惠見仁民之心而忠見合惠與忠而不以一己自與而仁見合惠與忠不以一己自與而並不徒以一人為量而仁益見曷言乎合惠與忠而不以一己自與也夫敎稼明倫之事類非一人所能勝其任矣試思阜民之財不過揮絃以理之何以仰重華者咸穆然於恭己之無為順帝之則亦云有德以振之何以頌放勳者咸相忘於帝力之何有也豈非以憂其不得者早期其得乎是故唐虞之世不名一惠勳華之朝不名一忠凡以得人也且夫聖人既以仁民之心迫而憂民即以憂民之心迫而得人夫豈為一人計哉蓋自仁而廣之天下是已夫修己以安人而惠與忠或緣人而昭修己安百姓而惠與忠轉因百姓而渾則以天下者行仁之資而非一手一足之

為烈也是故未平之天下得人而遺大投艱承平之天下得人
而久安長治凡以為天下也而仁天下在是矣故曰合惠與忠
不以一己自與而並不徒以一人為量者此也然後知以天下
為量者功名不必己出而教養之所施者靡窮偏安非所自期
而憂勞之所暨者靡竟握樞機於上而羣臣効力自普殊恩立
紀綱於朝而百爾分司自臻上理所謂得一人而仁覆天下者
誠非小惠小忠之所得而與也彼許子亦嘗震文公之行仁矣
乃以厲己為仁必不以得人為仁亦安知仁之謂哉夫既不知
仁之謂而思巧詆仁之行是不惟亂滕之政亦且賊聖人之仁
也異端之禍日滋矣悲夫

為天下得人

靈秀集　陸孝乾

得人而仁及天下非憂之至者不能也夫人為天下而得宜其憂之至也藉非勞心如堯舜亦孰能仁及天下哉且聖人以天下為心必得心天下之心同心其心而始可盡其心也顧欲驗數人之心以並分一人之心必先殫一人之心以求合數人之心塵諸心者愈重即期諸心者愈迫期諸心者愈迫即塵諸心者愈深而後嘆勞心之不可及獨在是已不然古今僅有之舉孰有如以天下與人哉而吾謂以天下者憂因之寬不若為天下者憂因之迫也以天下與人者憂於此終不若為天下得人者憂於此始也吾乃因其人而重念其得矣天下事專任則重

分任則輕正惟欲輕其任也而任乃益重矣斯世斯民之故時縈懷來而一官一邑之才莫酬願望則此憂何日謝也天下事獨爲則勞共爲則逸正惟欲逸其爲也而爲乃更勞矣己飢己溺之思無從釋念而汝翼汝爲之責誰與仔肩則此憂何時解也而顧可漫言得人哉而顧可輕言爲天下得人哉元愷皆爲才子而非其人則得不足奇箕穎具有高賢而非其人則得不足貴所謂得人者必其人爲景運所鍾斯氣數適與天下相應特不經聖帝之殷勤簡畀則感召不靈亦未必起而翊勷華之運也此以知有仁天下之人非仁被天下者不可得也朱均非竟不才而其人無與於必得之數岳牧亦堪佐命而其人無當於獨得之尤所謂得人者必其人以神明自負斯分量適與天

下相待特不經聖帝之再四咨詢則真誠不達亦未必出而慶明良之遇也此以知能仁天下之人非仁周天下者不能得也而吾乃恍然於堯舜之仁皆其憂之所積而成焉假令日理萬幾祇矜一手一足之烈則雖為天下瘁其神未必為天下普其澤也而堯舜乃以憂成其仁仁即得人而着憂卓以得人而深斯何如殫精竭慮也而禪讓之美不足侈喜起之隆矣而吾益曉然於堯舜之憂正其仁之所迫而致焉假令日屋寸念不過一時一事之謀則即為天下肩其任不必為天下迫其衷也而堯舜乃以仁致其憂憂以得人而靡已仁即以得人而靡窮斯何如深謀遠慮也而揖遜之休不足敵都俞之盛矣謂非難乎

為天下得人難　河陽集　潘衍桐

明勞心之難得人以為天下也夫天下要賴得人耳觀堯舜猶以不得人為憂抑何難乎且天生聖人凡以為天下也天生一聖人以為天下天復生數聖人以佐聖人之為天下夫以一聖得數聖聖人似無可憂而當其未得之先天若故阨其遭以使之不遽得又若故多其變以激之急欲得而其憂遂無以自解於天下迨至未得者忽而相得然後嘆數聖人之為天下皆一聖人之為天下也是以難也吾言為天下者謂之仁而先别其易夫以天下與人是宜以一與謝其憂而於天下漠無關繫也夫天下事遂以此為難哉莫難於為萬世謨安全而堯采惠疇各分其職以作天工之

代故奏治安者七十載不聞以禪讓高清淨之名莫難於爲四方
謀底定而明刑治水共奮其庸以爲帝載之熙故仰平治者十二
地不徒以揖遜爲寬洪之度此無他爲天下得人也且夫得人難
得人在唐虞之天下則尤難幸而明揚一舉下逮有鰥耳脫令師
錫不登於帝陛而懷襄未定龍蛇迭搆其偏災將莫其位無人空抱
經綸於雷雨升聞莫卜終虛際會於風雲憂在一己者猶後憂在
天下者獨先也乃自詢事考言以後久欲得人以爲嗣統之傳而
側陋奮興默副其汲汲旁求之隱不知幾經審慎而得之矣後日
者昏墊山川忽易爲光華日月天下其共誌得人之慶也亦知當
時有如是之難哉幸而岳牧交咨登庸俊乂耳脫令闢門不創於
中天而變理多乖水火亦滋其戾氣將胼胝誰任益增九載之銜

悲姦宄方張爲振五刑之弼教憂在一己者有盡憂在天下者無窮也乃自耄期在位之年甚欲得人以佐重華之治而咸熙奏績隱遂其兢兢明試之懷不知幾費殷勤而得之矣異日者洪荒天地頓易為糺縵星實天下其共上得人之頌也亦思昔時有若是之難哉惟然而凡有天下者當兢兢於得人之難矣其在開創之天下則削平大難要賴櫛風沐雨之勞故上有知人則哲之君始得若人以維持其際而平天成地早立萬年有道之基扶危定傾隱貽萬世無疆之福其在承平之天下則世享雍熙貴建長治久安之策故上有用人惟己之主始得是人以輔弼其間而任寄股肱舉動繫生靈之休戚職分左右建樹關社稷之安危所以難也

為仁由己　勿動

郭藩臺會課二名　唐公模　無錫

為仁貴決其幾去其非禮者而仁全矣夫己有仁而已矣之何與人哉視聽言動皆緣己而見者也克其非禮而仁乃全今夫物非其有而取之則權不我屬若夫理以專而寄則權必以獨而操之者獨而理之所寄由此全物之緣所寄而奪其理者亦由此絕而操其權者總無旁參是故歸仁之效極之天下而為仁之幾決於一己理乘乎氣而為己顧官骸形器皆載仁之區不能分仁之（打通骨節）責惟任之以己而靈明之內默握機樞氣稟夫理而為己領耳目口體皆得隱樹吾仁之敵而不能貸為仁之功惟肩之以己而方

寸之中早承擔荷蓋皆備者己也渾全者仁也使己不負仁：全於己者則為仁之幾決於由己者也物必有所統攝而後不至於兩岐統之一己而精神智慮皆吾仁中潛驅默運之資仁為己的己乃為仁聚也志必期於孤往而後不入於依回孤往者己而材力聰明皆為仁時操縱迎距之用以仁策己而己有功以己宅仁而仁有為也既己洵不由人竟後之功業誰任而誰諉哉雖然有神明之己有血氣之己神明之己能生仁血氣之己能累仁是在由己者之獨其幾主宰之地有己而形色之中亦有己主宰立而己擾以權則仁可復形色感而己與柔克則不仁亦可祛是在由

己者之行其健今夫視聽言動之間有必克之己焉非禮是也子故因回之請而告之禮本乎性而非禮則習於情夫人不能冥情而寂處要以勿視勿聽勿言勿動者嚴離合之幾則外誘不得乘間而竊入而七情之用皆歸五事之宜禮本乎天而非禮則叅以人夫人不能絶人而獨立要以勿視勿聽勿言勿動者判從違之界則物累不能伺隙以相投而形器之粗皆昭秩敘之理若是者皆由己者也以由己之己克其非禮之己（到然不衡）則己無適情克非禮之己齊以還協禮之己則己無宂假回也勉乎哉

是理清出筆鋭中間精疏己字可補傳註未及　原評

用筆之訣直如斧以斯之理境得此塵障一空

為仁由

唐

為仁由己　勿動

乾隆戊午河南　元　張爾銘

決克復之旨於由己、立其防而目著矣。夫仁為己仁、為仁將誰諉也。以己之心、範己之身、非禮為防、而其目不可歷指哉。且一身荷（清起警策）（上句由己）重滋之任、而百骸統物則之全、此以知治心之學、操之一心而有（下四勿字）餘。亦聞之、一心而無不足者也。寤寐之地、惟切糾虞、應感之交、殊凜非幾。聖賢授受、而大指畢著、則約言之而事權有屬、審於焉而（承接上文直注本位）範圍不過矣。一日克復而天下歸仁、是仁也、理不越乎身心、量已（穿插下節）洽於倫類。察其脩祇、此五官五事之蘊、大其用、寬統斯世斯民之（起筆超）全。為克為復、夫亦可恍然於致此之有由矣。事以有所專寄而後

論語

可緣之以淡其量仁將焉奇乎所馭其情心乃不放弗濬其性天

寬論內己許與枝葉

乃克合舉百年內為克為復而惺惺常存撼緣片念以耿其靈臺

一比老明

必有所專托而後可憑之以覓其功仁又何托乎靜與之守己植

其體動與為察察進其萌絕罪生間為克為復而豈豈不已祇憑

一比不言健

二比上下關結一氣渾成而度好整以

寸衷以行其健是予之于回也明健之姿預信諸皆私見發之餘

故端本握原直欲以片言居要者亦非其繫于操舍存亡務回之

于仁也天人之介頓悟于心聆神會之下故請業請益更欲以循

途有窮者亦攬其全于耳提而命而夫子曰為仁由己其目寧待

外求哉一百體原非虛器一端苟且而怨怨者不及持矣惟舉在己

之視聽言抄吾乎以無偏無陂之矩矱而如是以規于正覺稍寬（求合於礼即是克己非礼勿四字有力）
焉而已納于邪矣則內念洞然閑存倍覺其有力一五事統此敬用
偶爾游移而紛紛者不及遏矣惟舉在己之視聽言動胥約以大
中不正之標準而如是以踐其形覺稍佼焉而已曠其官矣則逆（意況新而語簡勁）
蓋卑荷防制彌覺其有權一不以非禮者為視聽言動而已克矣不（總上有力）
以非禮者為視聽言動而禮復矣為仁之目不干在己握之而有
倘蔑一乃知仁具于己而還即之為推暨逐而求之自無難一仁備于
己而已懸于己以為克治強有力者乃能勝一維時回也乃直任為
由己而為之弗疑矣

上截重由已下截重四勿字兩處須發得警刻入手提振中間
過脈結末收繳俱場屋中最着眼處文能處處精到法老句熙
無懈可擊魁蕃賞
不蹈險僻不涉理障細膩熨貼中復鍊意使警鍊辭必新故是
元燦燭微　唐端士
中華動潔步伐整齊濫句蕪詞刋落殆盡閱中州金墨元作洵
是科之翹楚云　秦季封

爲仁由己　勿動

乾隆戊午河南十名　陳大經

爲仁取決于己、當因端而致謹焉、夫爲仁不自己、操則視聽言動、皆無爲也、知由己不由人、則非禮之在視聽言動者可諉爲他人任乎、且自降衷以後成性之事、早付之有物有則之我矣、苟無以察乎此中危微之機、而謹諸與物酬酢之會、則乘間而竊發者皆將進而操離合之數、豈真幾非在我哉、蓋自謝其權而所置力者非也、克復至而天下歸仁、此其機非決諸一日哉、精神必獨運而後能於越其精神倘內顧無主、即制外養中、顯有可據之則、亦且聽其若存若亡而無以操其必勝、志氣必孤往而後可凝、一其志

（一語已提全題）（緊挽由己起）（筆道健）（開合下截）

氣倘自閒鮮攄縱因物付則確有可循之端亦且撓于知誘物化
而不能握其常伸然則克之斯克復之斯復其為仁也果誰决諸
一日者吾心之離合即吾心之明昧為之其並域而居者纖悉無
發由已意十分遂露所以能用四勿工
能以自遁萌于何所吾獨其幾匿于何鄉吾發其伏緣徑而求揔
天已藏針伏線
不離神明之舍也此無我所以得正己之盡也吾心之疎密即吾
捨舍為之其無端而動者瞬息即可以自持我名之來而萬
感俱集吾遠之徃而一私不存不遠而復相守在幾希之介也此
握已字作關合渡下機圓局
成己祈以所性之德也是則以在己之精一獨復其有理無欲
之天渾然具足者固無俟分端而致力然後有覺之靈明漸歷乎

身心寂感之際蕃然肆應者必期于即事而呈功子故于顔子請
目之閒而以非禮之視聽言動告也視聽言動之自心而發者意
念偶覺之頃森然截天心以供流合于禮則為存理之地不合于
貴
為縱欲之階也為仁者本有主之靈明以為內制之勇未發
靜存動察言之精旨微言不落虛廣
之中斷不使一意之非禮得累其純粹之天視聽言動之緣物而
起者薫感紛紜之地昭然偕懿德以並呈符于禮見理即以見性
了待于禮敗度即以敗德也為仁者恃可用之心力以為外制之
此動察工夫
剄緣此之交尤不使一毫之非禮得擾其精明之宰勿視勿聽勿
言勿動此克復之要而皆于己取之而已蓋為仁無旁貸之功能

清澈

歸由己出

純必基于能衛克復有可循之目全理必始于去私顔淵能忘所從事於

秀中惠外精理名言融徹瑩潔丰度俊雋長明先生集中最佳文字　黄于厚

入手重扼由己牽一髮而全體俱動洗發下截即跟由己抉出蘊理致融洽章法亦以整以暇　唐端士

為仁由　陳

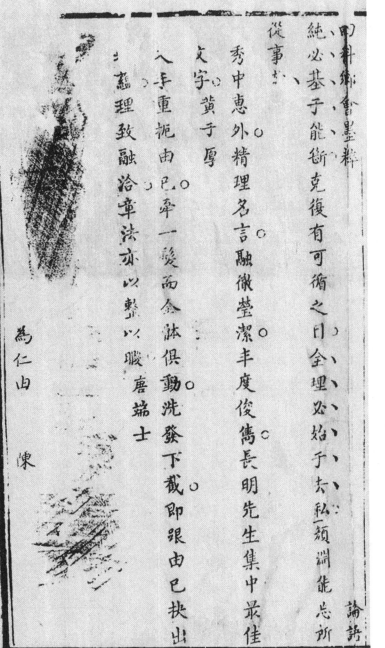

為可繼也若夫成功

沈文宗科試歙取

李一等第一名 葉觀海 向若 補廩

以可繼者盡為善之事、若未暇為成功計焉。夫同可繼則能繼與

吾尚未可必也。若成功之說果何如哉。且世之克光前烈者、未有

不能承其先志者也。顧先志之克承、責歸孫子、而詒謀之有本本、

在祖宗為揣其貽燕來許之思、以進念夫保世滋大之日、而君子

之心亦概可覩矣。君子創業垂統、得毋默鑒夫治定功成之期、由

未有自、而創業正為恢其業之地、垂統正為大其統之基乎。而自

我思之、後嗣之法守、每凜規矩於高曾、片治具裹尚延為世業也。

則濟美有深心、亦惟從謹守侯度之餘、而與手足餘烈、不墮風雨。

以棋湮先哲之典型不係流傳於奕禩梧棲書册其睹而色動耶則治安有令緒亦惟於戎馬崎嶇之下而使拮据微勞聊見析薪之不愧為可繼也君子之創垂如此其正君子之立心亦如此其遠矣今夫善作者不必善承也可久者尤貴可大也古之人當其時會多艱披荊斬棘固無好難創攄之謀亦無庸懦偷安之計卒之子繼孫繩興也勃焉擒者遠謂當年締造早有一統之規模在其意中矣嗚呼亦知君子之於成功竟何如哉山河不私一姓亦難指王氣而思發祥從後人告廟登歌未嘗不推原於王迹所由肇而撫以前此式穀之情恍同蓁有大志遂懸斷格於心目之間

天下間屬離家詎其蓄陰謀以亂神器縱使此史臣珥筆未嘗不之揚夫大命之早歸而溯彼當日垂裕之辰豈曰任其自為遜操真券於夢想之際蓋事有一日為之而即收功於後世者理可自我而預也事有畢生為之不得邀功於一旦者權不自我而操也豈非天哉豈非天哉

為可 葉

氣守宏敞卓爾不群 原評

為君難　至難也

紫昜　鄒　鵬子翼

人有為君臣交儆者、而知難專望夫君矣、夫君之難○固難於、所為臣之不易、所以佐君之難也、然責難莫先於君、知非有專屬乎、且克艱厥后克艱厥臣、此事有分任、豈得曰予未有知哉、儆輔相裁成、固賴上下之交勵、而提綱挈領、尤在人主之憂勤、不患無以供其職、特患無以警其心、安得恃相助為理、而遂漠不加察也、公問興邦、臣得以人言進之矣、夫是言也、固難為不知者道也、無如在上者僅知自暇自逸、在下者鮮知惟勅惟幾、而若人亦若次第舉之、以敬告天下萬世之君臣曰、為君難、為臣不易、元后為綏猷之本知官禮必本於睢麟而百職承流亦得以知遇而奏明良之績凡汝翼汝為汝聽汝明固相與思免厥愆效承弼乎厥辟宮府為起化之基知緝熙先嚴於宥密而庶僚慎簡亦可以克知而顯宅俊之才凡霖雨舟楫麴糵鹽梅孰不欲勉出乃力以佑啓我一人是則為君難固即臣之難也而為臣不易亦深望君之知其難也涉氷之憂為臣者願君知之馭朽之危為臣者願君知之恐不知法祖之難而陳豳風恐不知勤民之難而作無逸恐不知持躬之難而獻盤盂几杖之銘惜乎世之為君者未之知也知其知之將祖宗有不可變之成規知有所以因草野有不可沿之習俗知有

所以革深宮之懋勉豈必在臣之相儆乎宵旰之勤勞豈非在君之自省乎則知為君之難固其要已知之則必思慎所為不敢以先難矜後獲不敢以逸欲忘艱難表率在上而凜集木履霜之戒將下臣共惕小心也君何不恍然悟也知之則庶不負夫君上凜天命之難諶下惕小民之難保首出御世而懷衣袽輿衛之防將羣臣對揚休命也君何不皇然省也及知為君之難也君存曰咨曰吁之心臣勅惟一惟精之意一人端拱於上而告汝不易百僚奔走於下而願為責難不有蒸蒸焉日進於治哉不幾乎一言而興邦乎

為君難　至　難也（論語）　鄒　鵬（子翼）

縝密溫潤磬澈鈴圓 原評

摶挽有力勁合自然極水到渠成之妙 沈少澧

為君難 鄒

為命　　周日藻

惟鄭有辭為之者得也夫命也不善國何賴焉故觀于鄭之為命而知所恃以不亡嘗謂文章之運視家國為盛衰者也乃若赴告之際使命往來藉以不辱則家國之運又視文章為盛衰屬在弱小尤非偶然也夫鄭也介于兩大悉索以從嘖有煩言奔走不給其何恃而

鎔經鑄偉本原

不恐曰恃國之有命三代以典冊金聲玉振王者既以昭夫德音而輶軒所遣亦皆蓄道德而能文章故益宣其赫濯至後世而命已一變五伯之徵告講信修睦大侯雖以人仁義而盟府所藏尚能飾典文以明禮物故猶大其聲施至小國而命又一變然則何以為

扶疏可當古人論文一則

文詞之功說理難于徵事理徵而事顯也顧事亦必兼情與勢而

耳鄭自武莊數傳徵車索賦迄無寧歲勢則奔命不遑情則急何能

振動為宇筆力蒼健

擇乃勤好會以輔寡君一國之命懸于一尺之牘吾虞其經緯未易

以定也何以明徵其事兼析衷其理而大服其雄心則為之力也文

繁之道考古難于証今古遠而今近也顧今亦必度彼與我而見耳

鄭自簡定之世以大事小習為故常彼也踣驕為念我也道長是憂

乃輯戰爭以紓民困十萬之師係于一紙之書吾懼其本末未易有

當也何以適宜于今兼取[illegible]于古而盡析其異志貳為之功一旦夫

移山倒峽萬

命之所行晉楚為多彼唐魏遺風其人文固有自矣今以韓宣之觀

泉涵空命情妙致

禮趙孟之知詩叔向之能文其得以工力之未敵者示之乎故慎辭為功者必求無不醇不備之識非徒集聚以成文也他日從予賦詩則取辦臨時而已而命豈其然即瀟湘名勝其文學又日啓矣近觀王孫之應對左史之博學太宰之能言其能以毫髮之遺憾者應之乎故大能行遠者必期于至詳至審之地非直杼軸于予懷也他日命同獻禮則薦聞世守而已而命豈其然夫鄭自數十年來能自立于大國之間者恃有命也為之顧不重哉

晴射于義

擷內傳之精華語語為下文作引春容大篇正不妄抒其藻 吳頴長

為字原統下草創討論四項虛衍則無味實疏則易侵篇中匯

周坳

周加之

帷燈隱躍生動。議論俱有卓識。非徒服其渲染之工。施蒨石

命之源流。為之甘苦。指畫分明。後股對面寫照。興高而采烈。陳亦韓

識時勢。達國體。敷佐有經籍光。可稱麗以則者。周粹存

為命

爲命　陳義和　衍𤇾

國弱而命難爲、爲聖人有懷鄭之爲命焉、蓋命之係于國甚重、況弱之國小而弱則爲之厥維艱哉、今夫聘問鄰封惟賴有辭凡爲國皆然也其在小邦尤甚若春秋之鄭無歲不聘無役不從尤非文辭不（運左自然）爲功則其命實有難爲者命者文章之事也文章華國而即以維國倘無以爲之則虎牢之關豈徒七子賦詩所能固命者通好之情也（金雖重琳瑯）通好事鄰而即以睦鄰苟不能爲之則蕭魚之役何以六卿從會可（工力悉敵）行成一蓋在鄭也邇晉鄰楚所接不僅一隅俯于楚則怒晉俯于晉則（準時勢以立言）怒楚能使焉以偶體而此恬然則爲者實屬難事居中近王所

霞暉試帖　于學院西段入泮登第十二名

不止一端矣。則疲奔。近王則常朝覲。必使斟酌無憾而出。外

怒○飛○翼○若○垂○天○之○雲○

然則爲者實有難選。凡勿論國小勢弱不能相抗。故以命自結。觀

○詞○源○倒○流○筆○陣○橫○掃○

于方城漢水賴有辭而退齊師入郛及境因失言而喪魯援即勢均

力敵者猶以辭命而係其得失。𥘅于俛首事人。其所係當更深矣。又

之誚時衰勢去。難以圖存。即有命無益也。觀于犒師無恐。正色恃先

王之命。夜縋說秦。婉稱爲東道之主。是危加禍迫者。猶以辭命而持

其宗社。𥘅于無辜。修好其所持不更力乎。雖然爲之或有未工。則言

○妄○而○辭○命○

不文無以行遠。獻捷徵朝。簡書豈易傳。闡于四國。爲之苟克美也。

辭之輯以莫民。毀館垂橐。偉詞且時震耀于強鄰。吾思鄭之有命竝

緬懷其爲命之人也。
靈夔之鼓擨以雷獸之骨。原評
鄭重説透擄事輕蘁是能以古文為時文。業師玥山王老先生
開拓心胸極似吾家同甫。業師家居之先生
𢷬天河而布葉。横日路而擢枝。同懷兄暘起

順天崔宗師歲試　劉燉君

景州學一名

為命

命以交鄰為之甚不易矣未圖之有命事綦重、、而鄭之

更難者此可以覘其為矣嘗思言以足志文以定言久矣夫惟

（修○潤○色○）

之為要也況邦交之大藉辭令以通式好尤不易輕言者乎頡交

（此○一○段○偪○切○命○字○）

以詞合亦以詞渙珥筆之下敢有不可或苟者而吾乃有取于鄭

（為○字○亦○佳○）

之命夫命何防乎在昔先王之詔群侯也殷相聘焉昭其勤也秉

（入○命○字○典○雅○有○度○）

焉庭寔之外必有宣乃情懷者以永矢乎德音世相朝焉戒其瀆

也冠裳揖讓之餘更必有通其悃悃者以無乖于和協厥惟命也

何國處有以為之自鄭則有難焉者命行于伯叔之邦則念畧

為後之宗親昭穆雖遠依然天潢之遺裔鄭也為之若曰畏天
○芘○得○有○關○係○便○是
○以○難○處○
即欲祖宗也命行于甥舅之國則守世世子孫之訓茅土雖殊偏
○帶○定○為○字○
然翰屏之重寄鄭也為之若曰守臣職即全世勳也其在尋盟之
○為○字○通○
命敦信則彌講睦則彌修尺一之約期乎金石不渝焉為之者聯
○帶○有○聲○光○
河山之帶礪用欽聲洛之聲靈其在釋憾之命狀忿由是懲忿由
昊穹皇華之賦期于斥堠胥納焉為之者徽先公之寵靈即賁榮
○當○時○處○勢○俱○能○切○定○鄭國
干之結納且夫命之為也必相乎其時鄭自武莊迭盛之後鄉士
○耗○一○章○會○見○得○為○之○不○
之遺響杳乎不振矣報武功以修職且有戴詰之者剢一人通射
○易○
敢曰無失詞乎而命之為也必度乎其勢鄭自晉楚交爭四來犧

牲之待境浸成歲事矣昭大神以要言且有欲改之者矧辭語轉
誠敢曰無獲戾乎是故亢致悔也而卑亦致悔也已辱也失
數語括盡大意作正講此為餘波
尤鄭之為命真有不可苟焉者而吾乃徐觀諸大夫之長矣
命字不從作訓詞為字能貼定鄭國逐層推勘議論極為精警
下文諸大夫斟酌盡善處已自暗中攝起却仍在為命一字中
抒寫典雅風華允稱詞令能品也　麘舟

為命

謝庚

春秋之所重在命聖人于鄭著之焉蓋春秋之國以命相通者也耳人言爲命將爲鄭表而出之且世之盛也大宗伯以禮信屬邦國于是聞朝以講禮歲聘以誌信而修辭之上獻所不敢廢焉迨至春〻（命之原委○人能詳之）聘問不上屬于天子而下逮于諸侯小務之邦命使于雄藩者不可勝紀而鄭尤甚君子知鄭之能保國也其使臣之力居多焉而吾且（收○到○鄭○因○上○得○辭）（命字）置鄭臣而言其爲命夫命之爲稱何昉乎命藏于盟府者太師職之（撿○以也○大○奇）曰先王之休命也命成于簡書者行人將之曰臨遣之策命也凡也大誥之辭頒于多方文告之令行于遠人是命之所昉乎而茲非

倫亦曰命者明乎此若一介之相通敎慇懃導欵洽而已其所繫（方轉入正○細）（朱槩）
大也命輕而國與俱輕傾危恒于斯命重而國與俱重保固恒于此
（何其安○頓）
春秋所重不在辭命哉夫有辭則諸侯賴之失辭則諸侯恥之于是
（入出命字發○云○而○價○）
有以應對爲命者如孫圍之答簡子其最著者也此特一時之專對
而非平日之修睦也未可以云命有以寓書爲命者如因子西以告（博○雅○精○詳○）
（鑒○金○憂○玉○）
宣子其彰彰者也然特下臣之私言而非寡君之辭信也未可以云（狀開○步以起鄭國）
命命之義洵崇以閎矣此何國無聘問何國之聘問無命哉介在中
邦者泗上小侯何歲不會時事馳一使曰載命攸往矣屬在南服者
漢陽諸姬何日不相朝宗遣陪臣曰奉命遄征征矣若是乎命不

也而吾獨于鄭著之何也葢鄭之為國極難耳以言之則郊
○至○此○方○入○題○安○頓○者○總○
區也自啟疆以來未有不易鄭者矣以地言之則四戰之野也自主
盟以來未有不爭鄭者矣鄭之為國愈難即鄭之為命亦愈難雖然
○倖○入○到○為○字○
亦頗為之何如耳采皇華以出使其受我之玉帛者必其稱雄者也
茍命而或失之亢或失之卑不其啟釁于鄰封乎乃齊嬰晉向之儔
○合○上○借○筆○映○照○下○文○
皆以鄭有人為未可圖也其殆維之乎無以為亢無以為卑者歟歌
四牡以言邁其享我之輿幣者必其强霸者也茍命而或過于凌或
○凌○虐○之○甚○
過于僭不其貽懲于吾國乎乃南董倚相之輩不曰鄭無材為其
私也其殆積之乎無以為凌無以為僭者歟卒之鄭處晉楚之間

一二三等小題文選

徐行不被兵者未必非爲命之力也是以亟著之著之者取之也

以其諸臣之和衷而命之善也

妙 七層出不窮知其心靈眼慧 吴荆山

爲命

謝

下

為宮室之　為之

江蘇李臬臺觀風　周蘭馨
蘇州府學四名

有蔽于物欲者今昔殊情矣夫宮室妻妾與為窮乏者之得我皆物欲也乃為此而受萬鍾豈忘向之為身死而不受乎何忽異于今乎且夫人能較然不欺其素則外物無足以動心而既明于危迫之時寧至昧于憂安之日乃吾不能無慨于斯人者生死有必爭之介節富貴有難割之塵緣則雖前後同此一人而前後已判而情耳有如不受嘑蹴者而竟受無禮義之萬鍾也此豈識昏智短遂忘前日之自持乎夫簞豆不受雖身死決不肯受者也今乃以萬鍾而受之彼其意果何所為哉吾嘗見夫身都富貴者左夾

鋒穎一老筆有錘鑪

後空提起

陵右蘭臺粉白黛綠者列屋而閒居抑且贏餘可分爰為交遊光

打〻存不落十行

寵此皆有命存乎其間彼即為是而受萬鍾未必盡如所願也即

於進一層

或盡如所願而既受無禮義之萬鍾居宮室適以增羞對妻妾難

言不愧郎窮之亦覺恧然于市恩耳嗟乎勢利薰心風搽以憹紛

勒住

華溺志名節以斷受萬鍾者何冒昧至是然或者物情多意廉恥

兩層翻跌全以神行

不存從其生平之所為大抵如斯亦固然其無足怪且或向所係

之輕不若今所係之重則雖前後改節猶可為若人恕乃今之受

緊次清醉拍亦緊

萬鍾者固即向之不受簞豆者也即向之甘于身死而斷乎不受

者也蓋至是吾姑勿論若人之貪鄙可即一人而還問其今昔之

殊情今夫君子之所爭惟禮義豈必較量于外物之重輕然就人
情論之則三者之得失固輕于身死矣乃感憤深而七尺可捨猶
工練
然志士衷懷迷戀積而衆欲交攻已非生人氣骨彼惽惽者反以
身死為輕以此三者為重今昔不啻兩人也則甚矣宮室妻妾與
窮乏者之感恩其足以累人者非淺也嗟嗟塵情難斷俗慮易生
欲覺晨鐘響
豪傑起于其外凡庸溺于其中分其界者祇爭于受不受為不為
之一念惟不能致審于其間遂至喪其本心而不顧也悲夫

每於頓挫抑揚處得孟氏喚醒當世神情運題一氣迴環亦有
刀斫不斷之致　趙錫蕃

為能經綸天下之大經（中庸）　馮詠

為能經綸天下之大經

馮詠

能有弄於大經者，足徵至誠修道之功矣。夫大經自在天下，而非至誠不能經綸之也。中庸以是歸之，其修道之功不可想見乎？且古今之天下，日為倫紀相攢之區，何人之相攢相離而未有已也。蓋人自在倫紀中，而稍參以私妄之見，致使綱常彝紀不能以恩義相維毋怪乎僨焉離焉者之紛紛於其中也。惟天下至誠，其所稟有獨異者矣。能之發於功業者，可以震絕乎兩間，然而天之經、地之義，未嘗越理者詡奇異之行；能之垂為法則者，可以範圍乎今古，然而民之彝、物之則，未嘗以遠分者繑人道之常。是則至誠之能，不可於大經

試草　中庸　馮撫臺月課特等一名

試草　中庸　馬撫臺月課特等一名

中見之乎天合人合之倫環屬於一身不患其不合也特患其合而不免於諸日用倫常萬古有莫易之位稍有側陋而鈍疏相[illegible]下相凌大綱大紀盡屬紛紜之域藉非至誠雖欲分之而不能齊形分氣之類散著為五品不患其不分也特患其分焉而不免於離子臣弟友斯須有莫解之情稍涉乖戾而欲惡無定恩怨無端至性至情悉有膜外之勢藉非至誠雖欲合之而不能惟至誠合而能分有等而有殺分而能合有情而有文其於天下之大經非經之綸之而能善是乎夫經位其常別處常而能得宜遠近尊卑等內止此數矣經未嘗別有一途以待至誠而至誠隨境以處愛敬任其品節性情

大衍究其常自生民以來遞轉于經惟常變之會而其運相與撝持而不忍去故有千古不朽之經綸即有千古不朽之大經亦惟陳常敘彛使三千三百皆布其意以相持至于飲食和平而純遜之精意一日可千古也至誠有以操之耳至誠之仁天下也于經綸中見之其斯為修道之教乎

江宜筠先生評

雄深雅健直令匡劉咋舌[illegible]

吾兄之文理識[illegible]精深[illegible]隨金陵乃公慶郎[illegible]

金陵諸選[illegible]

為能經綸　一句（中庸）　馮諶

為能經綸　一句　馮諶

大經昭揭天下經綸術歸至誠矣夫人紀不在大經中哉能經綸之
者惟至誠修道之教不已著歟今夫修道之功究其極可以參乎天
地而約其美不過衡于倫常故倫常之克盡者即為參天參地所不
能外而自古及今乃能維持其道于不衰吾是以思至誠焉萬物皆
本乎天天之敘天秩原屬自然之理命于帝者接以形經常四達而不
悖世宙皆聚以人人之經人紀亦屬本然之位列其類者定其分百姓
日用而不知是所天下之大經也非有以經之綸之不可敷五品之
倫于天下而彼此無位則相疑彼此有欲則相爭溺于混卹之習而

程墨　中庸　馮燕臺月課特等三名

隙為訟諍故為之定其位而殺其欲不相比濫不相侵凌秩然亦萬
類之大防使人道可以共濟而不至于亂此其事為至誠能也聖莫
品之倫于天下而彼此無恩則必離彼此無文則必爭限乎陽淡之
情而積為怨望故為之結以恩而和以文大小相維遠近相屬秩然
協百族之大順使名數有所娛樂而不至于睽此其事亦為至誠能
也故大經本處其純而經綸燃其後自生民以來關係于君民親友
之閒而其道斯須而不可解故有百世可知之大經無一歲不敝之
經綸要惟惇典庸禮使千秋萬世繼奉其意以相守至于淆亂煩倘
而倫常之分位亘古如一日也至誠有以維之其經綸凝其重而殺

任其流行率至親義信別克樹名數之奇獻然後知大經千古不易
而經綸亦不易也大經處其變則處變而能達權艱難險阻一生止此
然大經往往多其曲折以勢至誠而至誠各持其當拜跪亦以明分
號泣處以得情率至忠孝節義能補物倫之缺將然後知大經時或
有憾而經綸則無憾大抵道者終古不敝即世無至誠宇宙未嘗無
常教者萬世為防使前無至誠後世安得有倫紀吾是以獨然思
至誠之能也況其所能猶不止此也

馮大中丞原評

勢則排山倒海華則掣電鞭風理境堅城潰圍而出

試草　中庸　爲綸經

江守翁先生評

皇極兩路鉛書胸中爛熟了然于口月白成露髮尖峭空自活

收上一乘

為能經綸天　三句　蔡世遠

備言至誠之敦化皆盡性之能事也夫大經者性之用大本者性之體化育者性之原至誠盡性矣故其敦化也有然中庸則至誠之大德敦化若曰夫誠則能盡其性能盡其性則所以脩道立極而至命者一以貫之矣是何也今夫性之為用甚大然其紋於彝倫者最親且切所謂天下之大經也不有以各循其分則何能有秩有序而所性之無闕也不有以各聯其情則何以相親相睦而所性之不離也至誠為能經綸之焉倫紀之脩也而後可以平章百姓愛敬之篤也而後可以推放四海叅自道法昭而天下萬世胥受我矣然性也者

根於心而為天下之大本者也不有以閑於睹聞之始則仁義禮智有不能適得吾體者矣不有以養於未發之中則喜怒哀樂有不能

易理與宋儒之書看得了然

適如其常者矣至誠為能立之焉主靜以澄其源中正而純粹以精主一以貞其體篤實而輝光其德蓋自人極立而千變萬化胥此出

精白至

矣然性也者又通極於命而協於天地之化育者也動靜無端不有以窮其不貳不測之神則本原末之或徹也陰陽無始不有以契夫

洞達至

無方無體之用則化機莫譜其微也至誠為能知之焉達於易知簡能之故則知始成物之理得矣洞於專直翕闢之由則大生廣生之道昭矣蓋直超於形氣之有以尋夫聲臭之無非至命者而能之乎

溯源而貫古

夫五品之敎由於五德之裕五德之裕通於五氣之精總之誠能盡性則一以貫之矣

經學語錄融會烹鍊鉤勒題界畫然不移文中顏曾公也 汪揩書

為能經 蔡

為能經綸天下之大經（中庸）　劉巖

為能經綸天下之大經

劉巖

至誠為人倫之至，敦化而致其和也。夫大經乃天下之實理也，至誠經綸之，而和于此致矣。夫大德敦化之中，原自涵于小德川流之蘊（原是經綸在川流上說合），故喜怒哀樂之中節，而經綸寄即天下循之以為人倫標準之所歸也。夫自明向明，易之從為萬世之所共由，則曰天下之達道；自大中至正之矩，為亘古之所不易，則曰天下之大經。蓋命于不已，而天敘天秩以昭，則大經即命之賦物而有形，而所以為上帝之衷也。由乎率成而人綱人紀以定，則大經即性之感物而即動，而所以為蒸民之彝也。惟至誠為不離之至，使大經而不分也，雖紛甚焉，然君臣父

（照下二句，蓋以所論大經，以當補其大者之旨）

（原緊不離不貳，照分合意甚精）

本朝房行書歸雅集　中庸　康熙癸未

乎夫婦兄弟朋友之辨乎異者而不忍以相瀆相諸必明析其尊卑上下之差等使之有以相接也則理其緒而分之即以誠之不離者經之而已矣蓋至誠為不貳也且使大經而不合也貳孰甚焉學（處處此二段分講）君臣父子夫婦兄弟朋友之統乎同者而不忍以相睽相隔必聯屬其綱維聯絡之而使之有恩以相愛也則比其類而合之即以誠（處處此二比參互證）之不紊等殺之而已矣蓋大經有一定之分分雖辨而情之至切者乃不亂其淆然而自至大經有不可解之情情雖真而分之至嚴者（挈經之微）乃不待乎勉強而自順循其分之而序故有物序別因其散殊有別而大禮以作焉惟其合之而和故有物皆化同其合同而化而大樂

為能經綸天下之大經　劉巘

至誠為人倫之至教化而致其和也夫大經乃天下之實理也至誠經綸之而和于此致矣且大德敦化之中原包涵乎小德川流（經綸在川流上說）之蘊而所敦之化恆與其散之本體相貫焉故喜怒哀樂之中（大經即五性所發）節而無偏者即天下循之以為人倫標準之所歸而無敢越者也蓋和即已發之中而與其性相背者也夫自明白坦易之途為萬世之所共由則天下之達道自大中至正之矩為亘古之所不（能盡也凡運大禮要本于天敘于地）易則曰天下之大經蓋不已之精微以降命而天敘天秩以昭則（出於知化育[illegible]未著而昌言）大經即命之誠動而有形而所以為上帝之則者也一成不易之善由

于性成而人紀人紀以定則大經即性之感物而即行所以為
此贊亦大本達道性而言
蓋民之彛者也一惟大經著而後天下各正其性命焉一至誠者不雜
不雜
之至者也使大經而不分也則其雜孰甚焉舉君臣父子夫婦兄
不雜則合意甚晰
弟朋友之辨于異者而不忍以相瀆相濟必明析其尊卑上下之
差而使之有文以相接也則理其緒而分之即以誠之不雜者經
此段分說
之而畀無不誠者不貳之至者也使大經而不合也則其貳孰甚
焉舉君臣父子夫婦兄弟朋友之統于同者而不忍以相睽相隔
必聯屬其網維周結一心而使之有恩以相愛也則比其類而合
此合言
之即以誠之不貳者綸之而已矣蓋大經有一定之分既辨而

交套說

情之至切者乃不覺其油然而自生大經有不可解之情既真

而分之至嚴者乃不待乎勉強而自順惟其分之而序故百物皆

道環古太亦散會貫通

別焉因其散殊有別而大禮以作焉惟其合之而和故百物皆化

此又分說後次敘說

焉因其合同而化而大樂以興焉然庶物必得其序而後和故禮

先而樂後大經必附分而於合此所以先經而後綸也況乎由五

此二字貫

常之性為五典之將乎其順長者章之以五服違是者討之以五

刑調理萬物各得其所而修道之教即具于率性之道之中而經

綸之能事畢矣此莫非甚極誠無妄者為之而苟其有一毫人欲

之私則爭且怨而情遂錯亂之心生滔洪作亂之事出而大經何

文新代

以身任極乎天下哉

從誠字內勘出經綸能事先儒所謂內地本根上工夫此後幅

曲暢旁通無非精蘊此亦作者左右逢原之候朱復安

然如化立本出大經理融腕健來寫經綸開拓言之精理偉緒

超絕塵匹抗相起

為能經

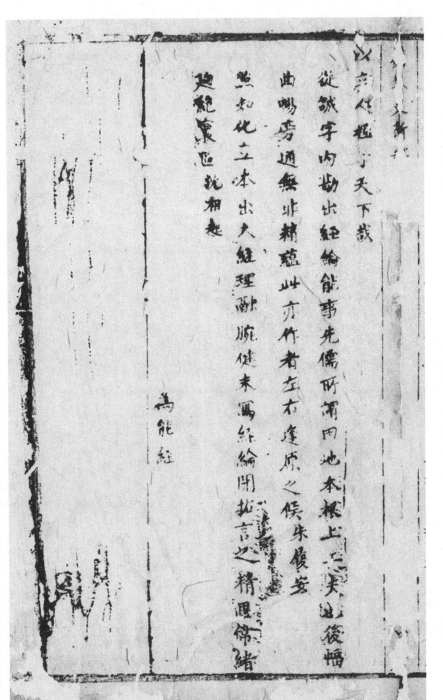

為能聰明睿知

廣西徐宗師歲試
陽朔縣學一名　周德孚

質本于性生，其得于天者獨優矣。夫聰明睿知，生知之質全矣，苟非至聖奚能備其全哉？今夫至聖所以立人極者，大抵賦質於天得其秀而最靈者也。有物有則，哲謀之理足於中，知微知彰，員神之德成于性。清明在躬，而志氣如神，涖天下之至精，其孰能與於此也？何則？謂之曰至聖，其能非易量也。收視反聽，天豈以聰明藏往知來，天錫以睿知，試於質之全備者觀之。中之靜者與耳謀，不必有思聰之功而聰無不達焉。性既定而耳自順，不聞之地皆化神，發有入而心已通，不思之官無扞格。德之聰，寧有惑耳之患

（清○玉○壺○冰○）（領、清）（根○柢○槃○深○枝○葉○峻○茂○）

○滿○當○[illegible]○[illegible]○千○書○想○堅○

乎蓋靜則至虛至虛則能受其聰也所謂[illegible]非人力也[illegible]之清
者與目謀不必有思明之功而明無不爲焉神常聚而鑑自真顧
諟之天無窒礙誠之精而光自顯瞭視之際具昭融視遠惟明豈
有蔽明之累乎蓋清則無蔽無蔽則不滴其明也所謂自然非勉
強也若夫無思者心之體也善思者心之用也至聖不更有其奇
乎幾微故幽洗心以藏於密神應故妙有感而無不通惟睿作聖

就○精○之○至○非○販○用○易○語○者○比○

固不纖毫不爽者精義至於入神知幾歸於不測無有遠近幽深

貼○睿○字○恰○好

遂知來物至聖所以通神明之德也由中以應不啻燭照而數計
也已如愚者哲之欽也周物者見之廣也至聖不又有其知乎窮

本知變研諸慮而無弗瑩原始反終協于一、無非貫智以燭理固有周流無滯者性為道義之門心統天下之理極之錯綜參伍各得所歸至聖所以（能知字亦恰好）類萬物之情也任天而動不煩極深而研幾也已聰主內藏明則外發宥密之中固已合藏發而並涵其理慮（雙峯云思屬動知屬靜）為動哉知則靜照方寸之地又若統動靜而互為其根信乎睿聖於此不必皆同而唯至聖為能具之也易有之聖人作而萬物覩秉是質者可以臨天下矣

擷精選粹篤實輝光　原評

樸實的當猶見前輩大家風格自是讀之　宋汪自跋

四比分疏細貼生知之質○以經解經○勝ノ在本領○秉

動靜體用對睿而言○則藏往為知○靜存者也○主本體說○洽明通

微是心之動處○思通用也○俗解有指睿為體智為用者非是○江

靜山

為能聰　下

為國以禮　宋鳳翔

存經國之實而用世者當知自處矣夫禮者國之經也為國不以禮
蓋知為之本哉夫子意謂士人經世之業經世之才局恢之也而經
世之略又經世之深心運之也（竟入）心不足以御其才即幹局雖宏於道（堂皇中仍不）
不足經矣由非為國者乎吾以為國有禮焉禮者是君子所以治心
而於才華之外自得其情性之平者也亦君子所以經邦而於月行
之際點觀其經綸之化者也國不可以驕亢為而性本之秩序者其
探微禮不可以斯須去而性情之國家者其關重蹈常襲變謂可為（形字數）
以揮霍之才與非也夫浮而易發者才也禮自有心和而形和者紛

兵戈　下論　萬曆壬子　順天　城南草堂

紆徐偲之象吾不必預定其籌而獨其從容中節之妙有陰載其括
愉者焉為之以此而後國有教崇之作用也濟難扶傾謂可為以據
悅之氣欣非也大亢而難馴者氣也禮自有理身以養人者要頓雜
身字亦妙
歡之形吾不難力振其長而獨其和平遜順之養有潛攝其虛驕者
發論俱洞子○發○
焉為之以此而後國有定命之獻為也毋謂貊貉之家未違禮數禮
詩
經文武者也大禮同天地之節而優游儛俎有餘于折衝者謂何醉
世者固不可無此經緯耳毋謂搶攘之秋難修禮文禮制安危者也
主德調民物之性而不動聲色潛消夫覺蘖者謂何經國者似不亦
超○集旨妙
於此涵養耳是以君子人知則才大出之以小心而迎機導窾與以

滌動傷國脉人來知則厚蓄減其輕發而周旋論議無以準俗者太
依藏習於禮也內何言之不讓也

章法股法有從根生枝從枝生葉之妙其晴與睥兩對針芯咋
精心不誠　張韋玉
譜禮字不作門面語能何々彩合準爾源歟和雅大是先輩示局

為國以禮　宋鳳翔

杭州　周兆鰲　駕山

爲國以禮

禮居致治之大端、爲國者當深念矣。夫禮者國之經也、爲國者務此、庶其知所本哉、語黠曰、天下事。但得一二幹略有餘者治之而遂治平非也。夫揮霍以出其才、不如沉潛以深其養。我覿古公卿大夫、未必非傑出之英、奇尤之智、而所以措國於治平者、必本恭敬之實以滋為功名、曰吾有禮在焉、非是則操之為已蹙也。乎聞因之、西乎夫山之所為、者國、也。國體立於宗尊、尊〻則不可以自褻。故智勇所發、必醞釀以中和、而上有聖賢自為之意、則大下皆得與君公商秩序之經、國紀要於可久、久〻則不可以猝圖。故政教所

遒勁

連第一題如開局論

中式文墨

十
劃

維必漸摩以經術而上無懸明自任之心則草野亦得與廟堂分性命之福棼厥所以非禮其可乎禮行於尊卑上下之際而當其風俗初成一國中皆平其氣和其聲以應經綸之所自定何也其所以養之者深也夫奮發有為之象何遽非致治之大機而古之人生負明聖之才胸有神明之學以之為國夫豈難於立就而府事既治而為一書干羽既格而又為一書則恒需之大化翔洽之後論者即其讓謙未遑以為得典章之微意迨夫和氣積而制之以（扶經心傾史援大氣張今古神來翰）俗斯遠近幽明莫不出其馨香以報至治也此何如之持重歟禮隆於重熙累洽之餘而當其規模既立謀國者又小其心淵其識（本朝經國且在經）

對以條而生已亢矣意
以觀運會之所自開何也其所以鞏之者重也亦銳意求治之心
何遽匪英明之所樂而古之人遇值創草之會第當孔亟之時以
之為國夫豈出於苟且延日妆ゝ而君曰未敢知日贊ゝ而臣亦
曰未敢知則似等於優柔不振之為識者觀其周詳審慎即知其
得經曲之精微洎乎治功奏而民風樂斯郊圻邦國莫不流為禮
坊以報休嘉也又何如之謹恪歟且禮非全在尊親進反之間也
門堂寶業為國貴賤下尚藏倚其間也
明乃襟謹詰乃戎兵而士師亦通悖與之原將帥亦歸儒雅之列
則禮之所漸濡者廣矣蓋雖嚴威之章必識以敬遜之遺則刑可
為祥兵可為嘉而嘶世亦皆息其淩競之習以奉朝廷一抑非全在

[illegible][illegible]以禮　周

文章制度之閒也左賢右戚先民後己而君子不相攫以功名小
人亦不相矜以祖視則禮之所陶淑者精矣蓋本心性之微以結
[illegible]和平之福則俗由以安民由以定而斯世亦皆納於軌物之中
[illegible]風會若由也其知此意否耶我之咽之也宜矣
王枕經葄史金子駿剛健婀娜有華有書是無雙矣[illegible]
[illegible]漢陽出山後作我讀一過彌覺真氣鬱戶牖也[illegible]
[illegible]傳均久頌念青

為國以禮　一節　　唐冠賢

禮所以為國不讓若可哂也夫禮者國之經而讓者禮之實也洵
言之不讓若此不可以得哂之故哉且夫御世有精意焉大可以
經緯萬端宰制群動而細亦不遺於居恒詞氣之間故抱非常之
器識者尤深觀於意念之微不然高談自喜雖不為名黨之所非
而聞者於此固不能無動於中焉一子發我哂由之旅于夫由之言
固在為國也而國何以為也國之事才運之而才不可運也技盡
世之姿而翹然自異已無堅定之德世國之事氣舉之而氣不可
縱也負一往之槩而浮動難居之無深謹之器識當是而為國者

有眼其言　便削讓字　幽深之　削之挹之清楚　路　切子

欽香堂制義　論語　鄭學完盛試四名

㑹禮何以哉禮主於序而序實綱紀之方爲之有本末施之有次

於中便有讓在

第自應始以及圖終皆出以循〻之致而無張皇亦無急遽禮主

於卑而卑寔御物之則不敢先人而後之不敢上人而下之自數

然見說讓

施以達詔令懇本以讓之言而無亢志亦無矜心由是而常事

寓以禮周旋

有禮焉不僭不忒各安名分之所當然固可以息萬物驕悍不馴

之氣由是而變事有禮焉從容圖議不以倉猝而敗其度亦可以

後學西谷集

靖一國於兵荒洊至之時是故禮者國之經也讓者禮之實也讓

貧大與落到其言理亦分明

形於屢蹈而措注皆見其安詳讓達於文詞而酬對亦彰其退遜

而由之言固不顧也生平湮鬱既深一旦有觸而起欲予[illegible][illegible]擢

謂出斯以愛痛之苦……初若蒙綸

則以局外之人為局中之語，適其所不自禁者也。由言之，吾亦[illegible]

逼取哂字妙甚……正與率爾對

由傷之。吾徒任事太專，慷慨自許，而無所用其躊躇，則必有待之事為無待之談，亦未免傷於逕直者也。由言之，吾不得為由諱之。夫明軌章物，寔安上全下之灵圖，而勝氣浮情，已率物整躬之無具。哂之ゝ故，直以其言不讓耳，子何疑焉。

點眼

講以禮處，然有實義；遣不讓處，使仲氏全身俱現，仍不走漏下文消息。原評

以禮是為國大綱，讓為禮之實，何事不有禮，則何事不有讓。此句自宜瀾寫其言不讓，又就子路身上抽出言之，上句便連下

欽香堂制義　　論語　爲國以

句猶未是也。原評最有識。解作者識者可稱知己。不必以名次

先後爲疑。　李岱雲

為國以禮　一節

唐冠賢

禮所以為國、不讓者可哂也、夫禮者國之經而讓者禮之實也由言之不讓若此、不可以得哂之故哉、且夫御世有精意焉大可以經緯萬端宰制羣動而細亦不遺於居恒詞氣之間故挹非常之略識者尤深觀於意念之微不然為讓自喜雖不為吾黨之所非賤者於此國不能無動於中焉子哂我哂由之故乎、夫由、之、言固在為、國、也而國何以為也國之事才運之而才不可逆也挾蓋事之姿而剽竊自喜已無堅定之德性國之事氣乘之而氣不可容也負一往之概而浮動難居已無深譴之器識審是而為國者舍禮何以哉。禮主於序，而序實綱紀之方；為之有本末，越之有次第。自際始以及圖終，皆出以循循之敘，而無張皇，亦無急遽。禮主於畢，而畢實御物之則；不敢先人而後之，不敢上人而下之，自數旌以速詔令，悉本以謙謙之言，而無亢志，亦無矜心。由是而常事有禮焉，不僭不忒，各安名分之所當然，固可以息萬物驕悍不馴之氣；由是而變事有禮焉，從容爾議，不以君猝而敗其度，亦可以靖一國於兵荒洊至之時。是故禮者國之經也，讓者禮之實也。讓形於履蹈，而措注施，凡其安詳謙遜於文詞，而酬對亦彰其退遜，而由之言固不爾也。生平涇鬱既深，一旦不解，而追怨矜其才知

○說○出○然○以○爱○爲○○○可○見○○○○○○○○○○○○

則以局外之人爲局中之語固其所不自禁者也由言之吾亦吾由傷也吾待任事太嵩慷慨自許而無所用其躊躇則以有待之事爲無待之談亦未免傷於徑直者也由言之吾不得爲由諱之夫明軌章物實安上全下之良圖而勝氣浮情已率物整躬之無具哂之故直以其言不讓耳子何疑焉

詞意精深筆力雄渾原評云講以禮處煞有實義講不讓處使仲氏全身俱現仍不走漏下文消息　徐香沙

講禮字精微廣大講讓字恬雅冲和懸諸國門能易一字者以千金賞之　張慎餘

為國以禮

江西金宗師科試南城一等四名　鄧之澄

治莫重於禮端賴乎克以之焉夫使治不要之以禮則本實先撥而欲圖治也難矣然則為國者顧可不以之與且夫儒者自草茅坐論莫不修〻誦法先王以與夫一日之知遇謂或可展其經濟之畧以為國家軌範若夫徒有濟世之具而未嘗閑之於儀度之中則識者早有以窺其為之不令矣如子以哂由為問吾先示子以為國之端宗社民物之重皆吾人所究心然措之天下為事功藏之寤歌為儒術貴乎有本為植也所以舉夔稷契諸佐不過都俞吁咈而已彰儀式於唐虞水旱兵荒之政亦吾人所急務然任

別為字勝雅

字有堅光

考卷小題辨香　稽古　論

之當躬而無愧建之事業而裕如貴乎以則為斷也所以禹湯文武皆君不過典謨訓誥而已畢位育於中和益有禮焉而為國者其可不以之乎朝廷為紀綱之統治之者不貴有材而貴有體益（只大儒經濟之言）體立而材斯效矣將式雅化於雎麟固不啻周官周禮之明倫而遡治隆於帝代又豈僅六府三事之修和夫儒者置身廊廟希懷奇策抉有與有則之規以樹為大經大法之猷猶兢兢于業懷杌隉之間而未敢以遽逞其才武誠以禮之所在即為國體所由基經綸本純修之素建之者貴有其畧而尤貴有其紀益紀著而畧乃展矣試追元勳於姬旦猶時歷三吐三握之虛懷而緬垂拱以

禮律已歩固綦密哉而翔其為國也其在化行俗美矣獻不私入
祥勿論已即或國難頻仍飢饉薦臻固以應大賑大撫之賜而猶
藉此禮以為之維持則民生厚焉邦本固焉而慷慨激烈者亦必
不以禮勝則流為軒輊也且夫國是之靡也衣裳之會少而兵車
之會多文久已禮失而求野矣而有能動必以禮者則俾藏俾嘉
直可經忠敬質文之統而勿淩其節非曰禮至不爭無事征伐斯
會也蓋大雅揚江漢之師而尚書亦録文侯之命惟視乎禮之所
在而輕重布之故有時偃戈矛而非示玩有時修甲胄而非黷武
將見鋒鏑無形竊賊無災朝野悉化於禮之中即令有狡焉思啟

者而何難折衝於樽俎非曰禮為干櫓無庸閱兵簡卒也蓋周名冠南國之風而桓武亦載周民之口惟準乎禮之所係而緩急用之故始焉可以尊君而親上繼焉即以犯難而同仇將見兵荒有備旱潦無憂君民曰嫻於禮之內縱令有鼓鄰以圖者又奚難制梃於隣封乃知國有大事非禮莫舉哉我周制禮備悉夫禮國經莞體無豆儵筆野之全而言之無文行而不遠故啟口貽羞即見其名舉納侮之漸令由也言為國而不知讓是猶未知禮者也而何以國乎

典核筆亦緊煉原評

氣靜詞煉固能謝時氛而辭古累　弟奎父

為貧者 三節

徐 芳

為貧者視所宜、聖人之已事可証矣、蓋仕而為貧、則義繫乎貧、有所辭以全所宜、委吏乘田、孔子豈有賒願乎、且國家用人之意、與士欲用世之心、而相待也實、而相岐（踈淡不露）原國家之意、將謂得可以大任者、因之而士則謂安所得大任而用之、原國家之意、將謂任事焉而祿及之、而士則又謂祿在焉而任事及之、此國事所以日非、而聖賢之所遭為不偶也、然其心則固有非得已者、今夫仕而為（為仕後二比伏案）貧、此固理遠乎仕、而特義繫以仕者也、有所不屑以成其高、有所不屑以成其大、一官一邑、奚忍以望重之身、遽安于小就、一本無志

功名奚疑其隘本攖情升斗遑計其微優焉游焉何妨以吏隱之（大氣呼）
故羈迹予當官尊卑貧富之間辭與居不可不審也且夫君子之（吸五起為字通身骨血脈俱動）
欲有為于當世而謀之于心揆之于務也非一日矣使其得時而
駕方且席尊勢享厚秩非倖也宜也朝離蔬蹻夕荐饟牢非泰也（宜字久而案性送个足）
宜也烏有讀聖賢書守先王業坎坷摧折一不當意下之至與閑
吏伍不亦羞朝廷輕當世而與筮仕之心大相剌謬乎雖然此未（勁筆雅快）（正起語為）
明乎為貧之說者也夫為貧則于尊富也宜謝自于抱關擊柝也（字實接脈貫）
宜為昔我孔子抱大有為之志者也然而處不得為之時未足效
于國計民生聊寄跡于下僚末央曰會計當為委吏故也曰牛羊

為貧者 三節（孟子） 徐芳

茁壯長為乘田故也嗚呼是亦足以觀矣蓋下之所欲致其上者
（二比運掉全題寔理虛神、俱到）
拜獻之情恒先于論辨而為貧則已有遠乎仕之理故約旨畢思
以為之相俾知從田間而來者願實以代耕而止不然以聖人而
為天下搽虛寔之数為羣黎謀衣食之原其相宜更復奚似而乃
（仍收住宜字）
重自秘抑以求全其初念然後信遠乎仕者之仕其理為可安也
抑上之所求詳于下者責效之意隱寓于詔糈而為貧則亦有繫
于仕之義故奉令承教以免乎慚俾知慕筐篚之節者恕不為友
明所及不然以聖人而小其試于料量之平降其格于蓄息之寄
其不宜更復何如而且深自思維以求稱夫官守然後見繫于仕
（并兩曰字亦到）

留餘堂遺稿　孟子

者之任其義為可據也若夫得可以大任者而畀以家國之事予（應小請）以鼎烹之養此固大臣當國者之用心而非君子食貧之節所宜（反收）與也（宜字）

體認註意佐以妙論文陣縱橫尤有獨往獨來之概　錢松如

從一宜字中生出理義二字為開合筆底翻瀾勁氣直達　方城

不得擅美于前矣　受業任立綱注

為貧者

為貧者　三節　其二　徐芳

職惟其稱，雖聖人不能易也。蓋卑與貧，豈仕所欲居，而無如為貧也，委吏乘田，雖聖人將毋同。且人之度量相越，豈不遠哉。大用之而大效者，必不忍小用之而小效也，若夫用之而效，效之而仍有所不屑，以存其槩，此則君子之自期耳矣。然其心終不欲顯白于天下曰吾為貧故也。為貧則祈慰夫貧之情而止，雖顧切時艱，而嘗有以成報稱之易。為貧則惟快夫為貧之念而止，雖志存遠畧，而嘗有以速升斗之邀。嗟嗟，士君子抱不可一世之志，當無可如何之時，但使室人無憂交譎，身離衡泌，以何傷。果其季女弗怨，斯

（取徑紆而曲）（讀題首句語去）（末節自然函盖）（君子為貧之所以然）

○○為貧者辭尊　已矣　　陳萇

審為貧者之所宜法聖人之遺意也夫為貧而不居貧豈所宜乎孔子亦嘗為之矣而何疑于抱關擊柝且介之仕者輙曰吾誠為貧也吾宜為尊富彼其意直欲辭貧而去也不知人既為貧而不計其職之易稱則借卑貧之名以求尊富之實毋乃非古人為貧意乎吾為（從尊富借）為貧者審所宜焉夫古之君子固有極尊富之奉持大體而不計錢（映下節即剔醒為貧二字）穀之微者彼非為貧者也又有享尊富之榮恤國體而不畜牛羊之（插富字）細者彼亦非為貧者也若既為貧貧者不宜尊而宜卑卑之易不若尊之難也又不宜富而宜貧貧即難不如富之難也而或者曰為貧

孟子

飢親執戈設而不惜以其受任之意料其終事之心今日之立官（末藍神理章所未到）以此異日之報績亦以此矣（氣已赤）一于是衡量于尊與卑之間斟酌于貧（紆徐頓折）與富之際有所辭焉非以為讓也有所居焉非以為矯也夫其不以為讓不以為矯者何也曰宜故也（眞字吻）一宜乎此即安乎此人浮于事不計也以為尊富非吾所淂為也（緊起末節為字）一宜乎此即効乎此長材短馭不計也以為卑貧固吾所願為也（作反折入第三句有波致）一不然没其為貧之隱則且曰奈何與抱關擊柝者伍嗚呼是曷不就孔子觀之（波平復起）且夫孔子之聖豈顧問哉孔子之聖而宜居尊富也豈顧問哉然且委吏乘田一毋不已牛羊會計淂當而安盛德無赫赫之施高材多戚戚之憂此北

門詩人所以致懃于終窶而簡兮詩人不嫌自譽而自嘲也然則為貧者可以思矣非有出處可言矯而易焉必致盡喪其本來非有意氣可乘賒以圖之或致反失其初意由孔子觀之彼士之欲有為于天下躊躇無所施不得已而沉淪下邑偃蹇終身以自托于代耕而世亦無有存格外之論者可勝道哉可勝道哉

一唱三歎有遺音

只是如題安頓而起伏頓挫自有得心應手之機 胞兄樹偉

布設天然勢蕭峭逸直是柳子厚一篇山水小記 受業姪孫邑注

誠宜卑貧矣然居卑則貧且如故也居貧則貧且益甚也彼仕之居
（處○○榮○佛）
尊富者心計之子輒持國柄牧圉之智利析秋毫士即甚貧亦何至
以丁寧鐸鼓之司煩我也雖然既言為貧矣即卑貧已甚豈曰非宜
（又○借○映）
蓋為貧者而居抱關則第曰吾詰奸禦盜而已矣為貧者而居擊柝
則第曰吾戒嚴發號而已矣故曰宜也不然古今為貧者孰逾孔子
（緊○抱○上○二○節）
乎孔子而為貧則委吏宜也不辭卑貧孔子而為貧則乘田宜也不
（入○化）
居尊富曰會計當而已為貧者以當為稱職也舍此又惡乎宜乎曰
牛羊茁壯長而已為貧者以壯長為報稱也舍此又惡乎宜乎是真
辭尊辭富之為貧者故士患為委吏乘田而不如孔子耳顧以抱關

擊柝為不屑而傲然辭之曰卑也貧也非吾所宜居也彼曰為貧乎曰不知恥

玲瓏巧密節節鈎貫其于慶曆先民之遺矩真乃神而明之矣　吳荆山

最愛玉文解試孟義後幅股末云而不飽者不知也人思之乎能使所以二字神味有三日繞梁之致篇中舍此又惡乎宜乎句亦復覺而已矣三字餘音婉轉如此用筆元宰翰墨香拂拂十指間也

為貧者辭尊　一節

廣西沈學院歲試
隆安縣學一名　陳玉言

卑貧是居無失為貧之初志也、蓋名曰為貧則其志可知矣、居卑居貧亦以無失厥初云、今夫抱高才而無資仕或者傷之以為寘命不猶也、抑知士各有志、策高足據要津當世何遽無賢則劍其口于四方正不言鬱〻久居此爾吾試進為貧者計之、井潔而不食矣、鴻之飛與鳳之翥與風雨如晦何妨依衡泌而棲遲瓢落而無容也夫亦負與經之橫與朝夕所求能勿藉饔飧以屬饜于是

欲捨故縱

有諷以養尊者謂擁蓋乘軒差足給膏脂之潤于是有商以求富者謂鐘鳴鼎食并可分雁鶩之餘然而為貧者且脉〻不語一再

躊躇也山林豈其天性奚爲卻磬弁而逃特是展布非時而鈍後（辛沖蜀範）然以尊自命頌此辠〻瑣〻者得毋服不稱耶饍于是溺于是吾（首三字縮炭）寧守宋大夫之銘也所辭在尊則所居在卑聊爲〻貧者還其故于面目耳一游尊豈其製行奚事埋塵埃以老特是經綸莫措而僅晏然以富自安想彼飢〻餓〻者曾念民無祿耶囷三百廛三百吾早誦魏君子之風也所辭在富則所居在貧姑爲〻貧者免其（妙論）職于高明耳隱顯殊途而爲貧則顯也猶之乎隱也至尊懷社稷之憂諸君矢弁乎之答臣不佞又何知焉斗粟可舂竊饜于飲河不過之分浮沉互軌而爲貧則浮也猶之乎沉也代謝一聽夫人

斷往來遂成夫古今餘蘊然於茲廣焉淸貧易厭碩媿于代舍監好義與其爭乎委蛇（別趣仍妙）退于南國富而能儉并忘其尊交徧請于北門尊而多艱轉與其富若夫辭尊富而居卑貧則卑不可踰何取隆（俊留）階之間貧也非病寧資幅追之箴其諸有為言之與始為〻貧者言也

淸言一何綺只認眞首三字自見得義分合如此一切憤激之談更用不着

為陳侯周臣

杭州　倪師曾　祖望

陳得宋臣以為臣、聖人得所王矣、夫誰為陳侯周臣、即向之司城于宋也、夫子主之矣、豈苟于所王哉、昔吾夫子去衛適陳在陳之日最久、豈陳為神明後、賢者常托足焉、而顧客留于此乎、非也、說者謂陳有臣、陳有賢臣、司城貞子者、寔主吾子、吾子故留也、（倒綰上字）獨是貞子既司城于宋、則是宋之臣、已惟彼陳侯焉得而臣之、誠以貞子者、昔日固嘗避地于宋者也、其避地于宋奈何、（遂貞子去宋關郈孔子所恩）曰有桓魋安得遭容貞子有司馬、安得不走司城、其臣于陳侯周也、（奇峰）殆孔子所謂亂邦不居者耶、雖然、吾于此為陳侯幸、不得不為貞子惜矣、假令貞子而肯稍為屈節則托足權門委身事主其富貴功名殆未可量奈何潔身遠害去宋而適陳乎噫此其所以為貞子也使當日若貞子尚臣于宋吾子雖遭阨難為貞子者當必抗身衛子吾子即欲去貞子必脩兵旅之儀導之出疆矣司馬雖頑何足以害子哉嗟乎有臣若此而不用反貽鄰國光宋公之不君曾不若陳侯之有臣也所可異者既臣于陳矣而又必冠之以宋宫者何追其始也不忘舊也慶得人也懷得所也孔子于衞主讐由于陳主貞子貞子殆讐由匹歟是貞子雖賢得孔子而名益彰陳侯有臣主孔子而名乃顯詩曰靖共爾位正直是與義也亦命也不然如陳

穆然入古

打合無痕命題東所忍

侯周者又豈足以辱吾子然吾子是為陳侯幸又不得不為孔子
筆如玉環
幸已向使臣于周者而一和桓魋之狼悍吾子既受困于宋當又必復困于陳矣其能全身以遠害也我希是陳之有貞子正天之所以全我孔子也非然者貞子雖賢何國不容而適在陳以俟孔子之主哉寔異矣觀于此而貞子之賢可知孔子之不苟于當厄不愈可知哉

古節錯落妙義環生是辨東主不是辭縱懸精絕　潘寯時

為富不仁矣為仁

鳳池書院月課　葉大同

為富不惜去仁權臣固復為仁者慮焉夫富與仁不兩立虎知之而無如意專在富也故重視為富即不得不危及為仁耳意謂人臣所樂居者莫如奉私之實利而人臣所樂受者尤在奉公之美名不知奉公之輕果無害於奉私則兩涉其途何妨兼收其益而不然者好自封殖之謂何而謀利之餘復孳孳於正誼也吾甚惜其計之迂而術之左已不然今天下比比皆為富矣而好行其善者何不概見哉吾蓋有以知其故矣豐亨之奉人世趨焉而吾竟以術取之則持籌握算之下雖出入小節而何傷哉且所恃以為富者苟合之為仁之說皆齟齬而不相入

者也設陽開自便之門復陰為好倘之路不幾以美名為桎梏乎毋加肯之猶得以一意為也崇高之遇造物靳焉而吾竟以己私之則席豐履厚之時雖自潰大閑而奚恤哉且所樂於為富者正以不仁之事可任意而自為之也設外行肥己之圖復內托濟公之舉不轉授旁觀以矛盾乎毋如去之猶得以一術精也蓋為富則不仁矣雖然仁與富雖難以兼行而富與仁每樂於相托財賄之說能入人心而破其閑即鄉黨自好之儒見得尚難思義況苞苴賄賂當代已大開漁利之場則習與性成不難盡悖其損上益下之本心而競行其附益然掊克之謀每因衆論而思自掩即里黨千金之子好施猶恃虛名況公貨私收閭左已不盡脂膏之竭則滿而懼損不難巧借夫為國為民

之美德而陰濟其私圖。是則為富者未嘗不有時而為仁也。雖然。富而可以為哉。前此併心壹志。非不知美行之可居。然欲身之肥。又遑恤德之瘠也。今既儼然以為仁自許矣。以人欲橫決之身。強閑於義理。姑無論為之無益。而即此急公奉上。覺返諸營私之始念。撫躬且自哂其愚。從此悔而改圖。非不知姱脩之無謂。第恐好利之心。每不敵好名之念也。今乃詡然以為仁自命矣。本汙濁難行之事。抑心以相從。姑無論為之不誠。而即此節儉躬行。覺援諸封殖之良圖。後人亦且譏其拙。不富矣。仁之害富也如此。陽虎之言。毋不可互證乎。

第二十五冊　卷七十四

洋洋乎如在　格思　　金居敬

以如在明鬼神之德、詩若于其所在而言格也、夫如在者〇無不在者也〇詩言格則似有所在矣〇而何以為洋洋者乎、則未究其義乎〇且天下之人〇皆見明而不見微也〇鬼神在微者也〇而至于承祭祀〇則未有不以為如見之者〇以其為體物不遺之理然已〇然去戒思若于心知其微〇而樸動謂之與人盡然也〇方之謙德明而值成儀者〇始莫以為然也〇今夫天下之人之齋明以而後其潔也〇所以交于神明者、有其使之也、于斯時也、但考來格各離然格矣〇果安在乎〇發乎有見而觀之〇則仍無見也〇儀乎有聞而聽之〇則仍無聞也〇其何在也〇格矣〇想必有〇

[illegible]

一片

在也欽愛則存而非遺于所不覩也欽穆則著而非遺于所不聞也
夫何不在也洋洋乎對越之薦而竣極者踖蹌蹌濟矣駿奔之肅而
自○然○ 合○有○方○見○
於音者揚謁孔昭矣如在其上是格于上而觀其顯若也而又如在
如○字○
其在右也如在其左右是格于左右而形其儀若也而既知在其上
○何○此○雙行說○引○儀○禮○註○言○不○知○神○之○所○在○或○者○遠○人○乎○尸○護○而○次○發○
也一不知神之所在于彼乎于此乎而神之詩所言神之格思者其又
○為○虛○闕○歷其響之是其事○也○具引詩之旨
在爾室乎益古之人祭祭也將不一祭而已也詩言不愧屋漏矣若
曰屋漏之處神存之矣莫予云覯也哉前此迎尸于奧禮節既畢尸
乃去矣人猶儼乎西北隅而闔戶以饗之斯則綏乎不格者矣詩人
○合○詩○雙○[illegible]
于承祭者猶有戒詞焉爾思[illegible]以暢之[illegible]矣慰之以補仁之不

謖易也。觀爾友君子。無謂組紉所尸已出也。細人仁孝之恍既盡之于齋薦矣。而人當索之于息者。以是言神。夫亦猶是齋薦之神也。百辟卿士。無謂尸謖而神不留也。彼夫潔滌之致齊中之千廟存矣。而人索諸遠于人者。以是言神之格。夫亦猶其廟寢之格。甚矣詩之言格思者。與夫之所謂洋洋者。必有合也。然而詩之言神者。則未竟也。吾不知其所以格者。在其上焉。在其左右焉。否矣。夫詩人以為不可度也。

詩詞來了。驗奇奇詭之解。格字與前知在始有繚結處。蘇參勳

雜在下截。借詩詞中語作襯。恰令不乏枯窘。機致亦生動。無使古

之詠也、此精光也

俗下壽為總藏題文要皆妥自立說如此題下截章句不作祭祀

之黑神解然小序說詩皆主祭祀說便與杜撰論旨不同且恰使

上下融成一意不特筆力之清古也

汴李　金

洋洋乎如在　二句　徐訓武

擬鬼神如在之盛、體物之一驗也、夫如在者人心也。而人心之所以如在者鬼神爲之也。洋洋乎不已盈上與左右而不遺也乎且吾言體物而知鬼神之無乎不在也。散處焉不遺乎兩間聚處焉不遺乎

鬼神與人之齋明相接

一室當其聚處一室夫豈恍惚而靡常哉鬼神依人心以生而觸境

人爲鬼神所使

皆是人心載鬼神以來而隨遇皆真則一顧盼間而知神所憑依者

兩如字妙

倒已備置其境焉耳、如齋明盛服承祭之欲何如哉、夫鬼神無定位

即乎如在中見使字

也而人恒設位以位之夫位非鬼神而位之者非鬼神乎掌其位而意中早已迎之矣抑鬼神無定象也而人恒懸象以象之夫象非鬼

神而祭之者非鬼神乎觀是象而目中若或遇之矣洋洋乎其充溢
吾前者以耳聆之而鬼神瑣其聲以心聽之而鬼神如在也有然
新諧心動則已感乎氣也
其照著于吾前者以目擊之而鬼神潛其形以心視之而鬼神如在
如字活
也有然一人肅乎其容而性情所孚遂覺其列于上也而未可取必
于上也其精氣游湧之流變若有不得不然者誰寔為之一人欽乎
其總而精神所結遂覺其見于左右也而未可取必于左右也其慕
蒿悽愴之精形若有不斯然而然者誰實為之乃知人情易懈也鬼
神能入于人心之中而人雖懈者求必肅其容焉而自呈其機忽焉
而舉集其形盡一人之身于上下左右而鬼神直環而向焉一君甫

至于此而旋引我于彼也而倏分執上與左右之所以為鬼神在是乎而鬼神不若是之滯矣抑天下之情易渙也鬼神能感于人心之微而情雖渙者亦必萃其倏焉而如接其音容倏焉而如開其笑語盡鬼神之境于上下左右而人心皆應之不給焉一若乍接于此而旋追蹤于彼也而欲徧執上與左右之交以為鬼神在是乎而鬼神不若是之拘矣是故仁人享帝孝子享親此心之動鬼神之動也而不當其地不知也一思其所樂思其所嗜此心隨念而交鬼神即應念而滿也而當其地仍不知也何也有使之者也是之謂德之盛

（是兩個如在合看）（妙前）（原批對意更妙）（妙解）（邃微）（歸源）

齋明二句是以鬼神精神鼓動得自家精神顯則集得自家精神。

使鬼神之精神亦集。然莫非使也。合陰陽而來格。流動充滿昭著
發見。正見體物之妙。有觸斯應。如在者即所使之心為之也。上與
左右。即知宇盡境。凡其無所不在而不可以定在處也。微妙之境。
非此清思雋筆不辦。

評上平　徐

洋洋乎發育萬物　一節　　王象治

道無所不體、可合上下以徵其大焉蓋天之下皆物、、之上惟天、

而體之者道也道之大不已極於無外哉今夫盈天地之間皆物

也。物之資始者天也顧物成於形天積乎氣而要有不域於形與

氣者以為之旁皇周浹而形得之以為形氣得之以為氣蓋凡形

○醒○洋○無○處○結○

氣之所積無非道也一吾嘗於俯仰間而見道之大矣洋洋乎運於

○洋洋乎三○字略用頓斷

至虛而為至實之所不能外藏於至一而為至紛紛紛不能遺無

在而無乎不在也不觀之萬物乎生也其類

以相嬗於不窮疑若物之自為發者乃

此其絪緼之能事至於名不能命而數不能紀且
道自見其合也夫物生必蒙亦無，誕發之勢　之機已
寓於斂藏道固無剩之不復耳物之成也涵濡鞠之　争所欲
自謀其安全疑若物之自為育者乃忽焉而暢茂忽焉而繁殖祇
此兩間之美利遂以共飲其和而羣食其德則物憂其不足道自
處其有餘也夫物盛而衰罕有百年不敝之形而長育之恩即藏
於肅殺道固無屈之不伸耳雖然物處乎天之下者也道運乎天
之上者也天生物而道生天豈獨芸生之類共受栽培哉日星以
之垂象四時以之節宣其隤然上凝者無非道也夫由物以至於

天相去亦甚遼闊矣有道以為之充塞而物所不至之處道有以至之則太虛非虛也直際於天之表而已豈獨類聚之繁是徵布濩哉靜與之為專動與之為直其紛然下濟者無非道也夫由天以逮於物相隔亦甚懸絕矣有道以為之彌綸而物與天所不屬之處道有以屬之則兩儀非兩也直互乎天之際而已自其發育者而觀之則俯焉一道焉自其峻極而觀之則仰焉一道也道之洋洋者固如是哉

精思妙諦中有一部易理太虛　兩儀非兩　妙　原

下句峻極于天即在發育上見出講方不偏也

人宋人之長。視歲穀鉢窩語謙去。雁蟹點、茶灰

薛方山先生謂發育萬物即體、乃遺啖無乎。

文正與相合。妙筆爲思王嗣韓亦應推服。楊芳

去乎天地

[洋洋乎發育萬物峻極於天] 優優大哉 田泓

優優大哉　田泓

再形聖道之大不專于其大者見大也蓋聖道誠大固無往不見其大矣更擬之以優優豈必于其大者而後知其大哉中庸謂大吾言聖人之道而至于發育峻極固知道之極于至大而無外矣然既能周于萬物之外者亦必能入于萬物之中夫使僅周乎其外而其中或不能無歉則其道猶有所遺而聖人之道之大固不如是也凡人有見于其大而口不能悉則取諸其形容夫既已形容之矣則亦弘

原評如此列入方切優優一句不是通篇冒頭

之象將盡見于洋洋之一言而亦復有遺義蓋人容而[illegible]于其詞不能罄則更設以擬議夫誠能擬之也則[illegible]猶

中集

中集

華之一理而彌見其克周是安能乎大之至哉之盖優大也分之有所歉者何不足以治一事即或可以一事矣試之事不免告然焉我知其非餘于事者也若道則優于一事亦能

最切克是有餘意

于事是故夫婦藉此以有其知能百姓賴此以安其飲食日用之

原軒羲黄三千五百年卸能不犯寬

閒何往非是乎大哉未有事而道為之先既有事而道為之寄已静之有所窮者每不足以治一世即或可以治一世矣而垂之世不能不淑焉我知其非餘于世者也若道則優于一世亦優于世世是故皇降而帝而帝治有所不能增帝降而王而王猷有所不能損開闢以來未之有極也大哉世隆而道與俱隆世降而道不與俱降已

道有聚有散人知聚者之為大而不知散者之尤大遂欲舉其優優（原評：切本節大手）者而忽略之夫道則安可略也且舉天下之所為可略者皆非道之（原評：伏起道問學中精微中庸數聯來）所略可謂極詳盡之至矣而徒執其渾淪者形為頌嘆則識其大而未盡識其所以大也豈非言道者之過哉道有原有委人知原之為大而不知委之尤大或且舉其優優者而淺測之夫道則何可測也且舉古今之所為善測者俱不能以測道可謂極纖悉之至矣而但就其至冒者言其充塞則道之洋洋者見而洋洋中之優優者不見也其何以盡大道之量哉吾將觀之經曲之間矣

開合盡致中間龍起禮意識解大（原評）

匪中集

中間就充足有餘意。照下三千三百最為得解。

也。

辦作

洋洋乎發　不倍　朱廷鳳

合大小以言道盡其功而上下皆宜矣夫洋洋優優者道之大小所在也非脩德之君子則道不克凝矣安望其處上下而咸宜乎今夫周宇宙而靡窮極纖悉而不紊者非道也歟哉苟不能極乎體道之全功即無以希夫至人之極詣無惑乎置身上下之間卒至違道而不顧也吾何以言聖道之大哉蓋嘗觀於其大者而知之矣號物有萬道寔克著于其間莫高匪天道寔比隆于其際洋洋乎發育峻極之餘因極至大而無外也夫天下有至大無外者而應其弗行乎一又（帶下）嘗觀於其小者而知之矣經緯萬端無非此道之散見節文繁曲一

皆此道之燦陳，優優乎三百三千之制，固極至小而無閒也。夫天下有至小無閒者，而廣其弗行乎，然（帶下）道之行也，必待乎至德之聖人而（一渡簡鍊）道之凝也，端在乎修德之君子。君子知德性之中，無非天地萬物之（帶上）所在也，尚玩褻以相嘗，此心之存焉者寡矣。尊之哉，未嘗敢以冐昧之心尊之，懼其失之蔽也；未嘗敢以私累之心尊之，懼其失之蔽也。而且已知，而深其涵泳；而且已能，而厚其精勤。凡所為致焉、極焉、溫（帶上）（帶下）焉、敦焉者，要亦殫存心之功，以凝道之洋洋焉已耳。而至於所居之（帶上）位，則非所計也。君子知問學之中，無非禮儀威儀之所在也，尚茫然以自處，吾知其究弘也幾何矣。道之哉，未嘗敢以疎略之心道之，懼其理之弗精也。未嘗敢以怪誕之心道之。懼其事之或越也。而且理會其日新。而且禮求其皆中。凡所為盡焉道焉知焉崇焉者。要亦竭致知之功以凝道之優優焉已耳。而至於所處之位則非所論也。然吾子雖不計乎所居之位。而本此以告上則驕之患吾知免矣。德性備于一心。纖功益天地。不欲慷慨以自矜。問學全于當躬。縱尊居九重。不嘗視之如固有。益矜伐之念不存於意中也久矣。而豈徒撝謙以自牧哉。抑君子雖不論乎所處之位。而本此以為下則倍之患吾知免矣。全德性之理于無斁。而畏天命者不得不兼及乎大人關閑。學之蘊于當躬。而本只作者不得不率由乎舊章。益僭越之念不存

八閩試牘　興化府莆田縣學第五名

二比收束謹嚴

於意中也久矣。而豈徒貌奉而心違哉。乃知大道之散殊不外乎大小之間。而見其洋洋。復見其優優。知非至德之人不克行也。而君子之一身不越乎上下之位。而于此則不驕。于彼則不倍。知其修凝之功為已至也。吾且即其語默而更思其效矣。

依題發揮不用提挈而上映下帶有絲聯繩牽之妙

洋洋　朱

洋洋乎發育萬物　　三名　伍貴鬢

道無不周、而萬物已徵其發育矣、夫洋洋者、物為之即道為之也。君子觀萬物而已知聖道之大矣。常謂体物不遺者鬼神之德、德若誠之蘊、即道之顯也。生物不測者天地之道、天地之道即聖人之道也。今夫道也者、語其微則在無聲無臭、語其顯即在有形有象之中、聖道之大也歟。之在喜怒哀樂之先、微之即在形著動靜之候、其始洋洋、正寂然不動者、道之体、大而物託以為根。感而遂通者、道之用、宏而物依之以命、不見道且見物其發也。育也、道為之也、萬物一氣耳、聚則生而散則死、斯氣之流行何與

直省鄉墨得珠　黃廣　戊子江西

聖人之能事而循環之故若有主焉則終而無終焉而復有始盛則傳衰始焉而又有終繼此一氣磅礴貫注于微始微終之幾衰不知生生之局何以若斯之不息也此一萬物一理耳形既生而神自發斯理之充周何闢聖人之極功而固懸之妙若有倚焉陽則上升舒其孳蘊之象陰則下降斂其滋長之藏縱此一理彌綸極蓋乎負陰抱陽之侶更不厭敷敷之機何為若是之莫禦也已靜以養萬物之和動以驅萬物之懋極之甲拆句萌亦時至而氣布焉洋洋乎一貞元之通復也物各得其放有適祇行所無事即至昆蟲草木亦繼長而增高焉洋洋乎一太虛之布濩也更觀峻極于

天而聖道之大以極之至大而無外矣
詞文旨遠言簡意赅非老名宿莫辦

洋洋乎發 不倍

吳堯易

道之大者在修凝以為功道之宜者合上下而已見矣夫洋洋優優之道非修凝之君子無以行之功在存心致知其效不已著于居上

截上

探○步○而○出○懸○理○之○透○

為下哉吾今而知聖道之大大之彌淪于六合小之散著于經曲廣之為古今神聖之傳約之為心性學問之要分之有存心致知之功合之有上下隱藏之用要非其人莫行也非其人之行亦無以見道

代○下○自○然○

之大也大哉聖人之道于何見之其為在上之聖人乎則道之大爍設于兩間其為在下之聖人乎則道之大蘊藏于宥密乎嘗俯察萬物而知其大也又嘗仰觀于天而知其大也所患者前之聖既為開

來後之人不能繼往修疑未至致大道孤行于天壤君子恥之予嘗博稽經禮之鉅而知其大也又嘗遍覽禮文之小而知其大也所望者世不及人則人待世人不及世則世待人修凝克至使大道渺虛行于宇宙君子慰之（二句此在夾縫中做非老手不能）君子曰吾其能行洋洋優優之道乎倘謂吾能行之而此心已近于驕於是功有各殫斷不容一念或弛致心有未存而吾知有弗致君子曰吾其能凝位育經曲之道乎倘謂吾能凝之而此心已隣于倦於是事有兼營斷不容一端或畧使性有弗尊而學有弗道則見夫廣大也精微也高明也中庸也故也新也厚也也德性問學功有各殫則道之大者已存于君子之心豈道之小

者不入于君子之識乎君子之處身自此皆慽矣則見夫致而盡之極而道之溫而知之敦以崇之或尊或道事有兼營則道體之大者已存于君子之德性豈道體之小者不致于君子之學問乎君子之行己自此成善矣是故闡修凝之道以居上度對化育創制顯庸合道之大小為開天立極之君子焉何驕之有蘊修凝之道以為下經綸參贊制度儀文合道之大小為繼聖希天之君子焉何倍之有甚矣聖道之大舍君子其誰與歸

鎔鑄有力舉重若輕自是養到之候

洋洋　吳

歲　仙游縣學第二名

峻極於天

王庭

言道之峻亦無所加於天而已蓋峻至于天止矣借以觀道則既有以極之豈謂天遂足盡哉且域中唯道大而天次之天固不足以盡（準一八股作起承手必提一層作起六）道也雖然舍天更何足以擬道也以言乎高則天不可階也以言乎遠則天莫其能禦也世間異量之形至天而止即道中備陳之論亦至天而窮矣發育萬物道之洋洋言大亦可言峻已言峻亦可言天已如物處其不足天處其有餘言物而以天喩之則從其有餘者形之也（方知前已只為襯出此意）物之所借廣也若道處其有餘則天又處其不足言道而以天量之又即其所不足者著之也道之所見端也夫世人見道者少見天者

摇樓偶評　備　百卅三　己丑　八通觀文

則多矣有不謂天之峻者乎世人見天為大見同天者亦必為大矣
有不謂極于天之峻者乎乃道非以極于天故峻也道之峻則且以
字字入細筆筆踏實
極于天也道不隱于幽玄必有寄之之境寄之之境不在天上祇在
如此寫題最奇
道著
天下夫猶是天以下之境也則亦就境之所窮者而窺之若至于天
反一層于天
斯崇已極爾則至于天斯峻以極爾抑道誠落于持循必有言之之
尤奇
人言之之人不在天外止在天內天猶是天以內之人也則亦從人
之所見者而張之若至于天斯言以極爾則至于天斯峻以極爾則
奇境而闢
且分天而為之說曰天亦物也道所為物之也天大而無不覆矣其
所以不漏者道實維之則道之峻有極乎天之理則且分天而為之

說曰天在上也道在下上上也天豈而無所覆矣其所以不墜者道實接之則道之峻并以有極于天之蓋天道者其所無也天者其所有也不善言道者言道之無不如善言道者言道之有故推有天之峻可以形道之峻也道者其所資也天者其所借也不善言道者言道之資不如善言道者言道之借故惟借天之峻可以明道之峻也然天之上有之乎無有也道固極于是也不然有高焉者峻亦詣極之也彼天之外有之乎無有也道固極于是也不然有遠焉者峻亦將極之也

不善作是題者先定卻道之分量而後極之天恰好充塞便使天

峻極于天優優大哉

佘世熊

極言聖道之峻、即語小而益見其大矣、夫莫峻於天、而道乃極之、其大固無外矣、即擬其優優、亦何小之非大也哉、中庸謂生物者天也、苟非有充周於無物之表者、則天亦無以生物、然人但知充周之謂道、遂謂其大無外、乃道體之固然、而不於其精寔者求之、（一氣鼓鑄上下交融如水乳）無惑乎擬道於虛、而所為運之有常、徵之有象者、亦無以見其隨在皆足之用、而道之大反於是乎有遺也、（映帶無遺）發育萬物、道之洋洋止此乎、夫道體物不遺、其恢恢乎有餘裕者、前者不必儲其用于方來、後者非必借其精於既往、大矣哉、二五之精、無極之真、絪縕化醇吾何以測諸蓋盈天之下者惟物而冐物之上者惟天今夫天一積氣之區也氣必得理以相運而後陰陽之調變者有以為萬物立其命是氣所届之域即莫非道所届之域也静也専動也直混闢之際道與為之布濩而不窮峻何如也今夫道一統天之理也理隨乎器以為量而後通復于一元者有以為天地奠其位是道所冐之處皆為天所冐之處也邇不遺遠不禦欝積之際天且賴以帡幪而無外峻何極也道之洋洋至此大矣蔑以加矣然道雖渾淪而難名而徵之日用之間則又分紛而各足道雖恢擴而無際而體諸事為之際則又充寔而有餘其洋洋者又何優優乃

爾乎一凡物有幾微之未至者縱使足乎此足乎彼而一間之感即於體有所不充若道則合之固見其咸宜分之不形其或歉優優乎繁簡之悉得者覺力足以充之而神復有以溢之殆無異人之見天見者各異而天終未嘗異也適以形其浩博而靡有涯也已抑物有纖悉之不備者縱使充乎內充乎外而一息之遺即于體有所不足若道則聚之而不必相優殺之而未嘗或匱優優乎鉅細之畢張者覺氣有以足之而機復有以衍之殆無異物之戴天戴者不同而天卒未嘗不同也適以見其磅礴而不可量也已大哉始吾謂道者極于天而孰知峻之中其有條不紊有理不亂者

（哉字神理都到）

（巧思濟發扭合無痕）

佘渭祥遺文

余渭祥遺文

又如此哉大哉始吾謂極天之峻者唯有道而孰知極天之中其粲然有文釐然有章者又若此哉天天之生物以息相吹其發之育之未始不於小見其優也彼聖道之通于人事者品之節之亦若是而已矣

游行于理窟之中掉臂自如縮合處但覺靈機一片　業師王思贊

峻極於

洋洋乎發 二節

金中尊三覆 莆田八名 宋兆元

合大小以形道而知道之大也夫發育峻極道何大耶觀夫禮儀威儀不更於小而見其大哉且天高地下萬物散殊而禮制行焉顧禮行乎物之中物宥于天之中而天又統禮與物而胥歸于道之中其上贍下際而靡弗及者正其無內無外而靡弗該也吾得而言聖道之大〇令夫道無可尋也苟斂之而莫與舒蓄之而莫與給推究之而未必彌綸充塞之無遺量則道亦幾乎易匱而曷以見其大然試思品物於何而流形上天於何而成化亦曰道為之耳洋洋乎遍不遺而遠不禦物始必屯道宣其蘊物生必蒙道長其機天體不已道藏

○融○貫○上○下○節○透○發○理○解○

○緊○遒○以○發○樸○神○彩○飛○越○

諸用天行至健道顯諸仁俯焉而羣分類聚既爍然其畢呈仰焉而
（羣寫洋洋優優意筆陣更如金鐵疾馳）
貞觀貞明復昭然其懸象顯之而形形色色固充周而無既微之而
（風雨驟至）
根陰根陽亦變動而不居向非有為布濩有為鼓盪而何以發育者
峻極者若是其絪縕化醇耶乃知物有萬而道惟一天有極而道無
（精絕）
極也不誠恢乎其無際也哉一今夫道又渾然耳苟檢之而無其開循
（打合大哉）
之而無其度散著之而未必幾微纖悉之無弗該則道亦幾于易竟
而實以見其大然試思緣情胥為而制禮依性胥為而作儀亦曰道
存焉耳優優哉藏無盡而出不窮禮重綱常道為之經禮明秩序道
為之範禮詳品節道為之別禮謹微細道為之防大之而君臣父子

既備物而備制小之而視聽言動亦有要而有倫遠之而邦國廟朝固統同而辨異近之而出入升降亦縷析而條分向非有綱維是有宰制是而何以禮儀也威儀也若是其參伍錯綜耶乃知禮三百而道千變禮三千而道萬殊也不誠充然而無間也哉大哉道乎斯其至矣

字字拋磚落地於前輩老棗手絕似方山錦泉會伯鍾白仙物天禮都打入道上以証聖道之大絕非鋪排題面也理寔氣空胡思泉先生而後罕有其匹此及仲叔園草木生轉附朝儛諸作皆兼三大兄未冠時試藝也淋漓璀璨光怪萬狀如太阿出匣鋒

鉄不可逼視。後益洗髓伐毛。惜墨如金。才人之筆。真無不可。劉璇若

洋洋乎

峻極于天　大哉（依原圈點）　徐太宗師歲入龍巖學第名　林應釬文美

道極于無外可復即優，以進形之為夫莫峻匪天而道則極之其無小之非大者不可復即優，以進形之乾今夫道之大者亦大于無境之可尽無象之可名而已故論其體則瀰霄漢之內而語其量定裕無窮之施其間上際穹蒼充足有餘理固錯出而無尽要以道之高且大者夫固非擬議之所能窮也已聖道之洋洋已見之發育萬物矣間嘗俯察仰觀流覽物類而見形形色色之倫無不範圍于斯道之中猗歟大哉何道之優優如斯也而要其崇隆莫即夫並卑下之觀所可擬廣運無方夫豈淺近之見所易窺是道之量不極其

峻不止也進觀其大則又見其峻極于天云天之蒼蒼其正色耶其
遠而無所底止耶而惟聖人之道量與之絜斛與之齊舉凡天之覆
被無窮者莫非道之充周無間也天之高其托斛耶其淵而莫可
推測耶而惟聖人之道氣與為通理與為復舉夫天之包涵靡遺者
莫非道之洋溢有餘也則觀于洋洋者之峻極合之萬物之發育道
之極于至大無外者有然雖然盈天地間皆道也大之在上蟠下際
之間微之則在昆虫草木之際充其量則天地亦有不能盡道之時
融貫合部中作
語其細則夫婦亦有與知與能之事推之子臣弟友以及鳶魚飛躍
無在非道也即無在非大也無在不於大中見大小中見大也是曷

不可即道之於小中見大者而極形之曰優優大哉道之散於天地民物者吾不知若何煩也而第觀其所由分固無此盈而彼絀者致斯道有不備之虞抑何優優如斯乎吾知道原於天而率於性者亦惟此優優者之相為流通而已矣道之著於人倫日用者吾不知若何多也而第現其所各出固無或豐于彼嗇者致斯道有缺憾之虞抑何優優若是乎吾知道發之費而歸之隱者要惟此優優者為之充塞而已矣優優之大非即此峻極者之所積厚而流乎蓋天地所有之英華原藏其用于至大之內而聖人制作之精意益顯其猷于至小之中吾且進而言優優之大

峻極于天

甲辰　周欽

道無所窮，觀于天而得其際焉。夫莫峻于天，天而道則極之，天無窮，道亦無窮也，此道之至大也。且吾言道之大，而謂天下莫能載，今更思道之大，而知天下莫能覆也。夫覆物者惟天，而天不外于道，則天之所至即道之所至，而其間之充塞可知矣。萬物之發育皆道也，而道不止形于萬物也。動植飛潛無非帝則之所繫，而形声之所不禱，豈以寘寂而入于虛無；糟粕煨燼無非至教也，為踏而象之所不存，豈以懸絶而等乎寂滅。是故休〔〕者乘能〔〕空〔〕下蟠者，實能上際，蓋峻極于天者〔〕論之

中庸

降而散布而絪緼交審之際罔已

莽者之無所至極雖明目視之而莫覩其中之亦真氣之

區實積理之區吾見其升降飛揚挹九天以爲宇已矣曉翦之

致以妙合之疑結者滅諸流形而修飾通變之能圓之爲通爲復

而充然于六造微浩者之靡所藏無雖衆著擧之而但覺其空

諸所依就知無形之境實无妄之境吾見其渾淪統來洞八極以

二比要綜得通

自包而已矣道之成象爲天得一以清闢鴻濛于太始敦自古其

此俱泯以及開闔之循環其精蘊圓無界藏兩大特爲之郛郭天

之立作性道貞觀在上統易簡于惝怳故自混茫之初闢以至法

象之常著其高遠于何比附而道悉蜷之彌綸健行不息皆斯道之運旋莫鹿不傾亦斯道之充拓一毋非天峻而道能極之乃道峻而天若冒之也藉令天更峻道亦益峻矣而豈有間隙之可窺也哉

衆妙出門緘縢悉啓遂爾起出鴻濛方引隊道通天地有形外思入風雲變態中此畫空虛手也天之峻亦道為之後二比將天與道說得合同而化極此乃極于之[illegible]

尊與

明清科考墨卷集

第二十五册　卷七十四

峻極于天

邵祖節

道之峻者無極境援天為道之所極焉夫道之峻者亦奚有極也而必欲形其峻之極則以為于天而已矣道何大乎且人即仰不見道而未始仰不見天今將尊道之大而反使見天者不見有道（彫刻太空）則道為天屈今將仰而見道而反使尊道者不尊于天則道又與天絕是均未極于道之分際者也洋洋乎道之大豈僅徵諸發育萬物乎物親下者也有懸高以臨乎下者即親上者亦下蓋畢而上行而上之分窮有所止則不敢不蹈而長與共處於域中道覆（分風劈流之筆）物者也有與道而同其覆者則覆物而不能覆道蓋理無私覆而

發之勢莫可終窮則通極於無而不能近求其歸宿峻矣哉道乎吾烏從而極之則以為極于天而已矣推窮高微冥之道豈意有月白憎青鬖尖成路天焉以為道之究竟設天之外更有道可追蹤之地則有接而起者御將蔑乎彼造也而無如窮道之峻者已無過一天因而借其所阻遂以定其所居則天位乎上而道即自下上上也極乎此而道已不能無憾于天也論包含徧覆之天豈意有道焉以為天之等量設道之請或有天可遙拒之勢則橫塞其徑者豈得引於方來也而無如偶天之峻者即先有一道因而擬以其倫悲相窮形知其莫能栴尚則天積於虛而道直周流於太虛也極乎此而天已不能独

處其峻也升降之微渺高望者能于上蟠之餘然參其消息夫高
道于飛揚之表則禦所起而無從躡其根者觀所止而幸得懸其
象也空所有于無依而惟此穆清之峯與游與息其不容中斷之
處正不容拋塞之處而大觀在上可遇諸心游自想之中高下之
懸絕中處者可於遙續之界直尋其奧區夫求道于昭曠之域則
天不得道而孤而無所助者道不得天而亦遊而無所歸也聚而
上以為升而惟此混茫之境為鑿為充斯縱之所如而太空非空
接以所向而太虛非虛則形上以神應得諸並位同參之下洋洋
乎道之峻非即道之大乎

心花結撰眞宰上訴乃不愧抽思乙乙　沈梧占

一鏡照形餘鏡照影得此刻畫精明正自獨開户牖　吳緒昌

馬旋蟻封蟻穿九曲文心得此窈渺眞使混沌鑿開擬以西江

兩大宋之戒先李倚人

峻極于

發育萬物

湖南倪宗師科試　入長沙一名　柳昌澍

發育以微道益見道之洋洋矣夫萬物不能自為發自為育也惟道之洋洋有以全之不益見道之大乎嘗思大造生生之理無刻不流行於兩間也故形生神發雖極品彙之喁吁而條合大和猶微性命之各正舉所為紛紛籍籍者夫固日與耳目際矣而要非知其自為際也際始有端際終有底斯其功遂布濩焉而莫得其所以然大哉道之洋洋乎曷不即萬物而先微之飛潛動植之族有默為消長者矣然當其始生何以莫遏其機及其既生何以咸遂其性此中早有操乎其柄者任物之絪緼化醇而總不得遁而窺

鑄詞命意極為化工

扶疏而出妙為發育柳植

考卷小題辨　卷

刻入

中庸

考卷小題辨　　刻入　　中庸

存一番變紛紜之類有殊其稟受者矣然當乎資始乾元何以稱大
洎乎資生坤元何以稱至此中實有厚備其原者舉物之榮枯倚
伏悉皆無所入而不該亘是故物不自發有發之者物不自育有育
之者道其大矣哉萬物莫不基於所發發則為貫之亨而不為蒙
（分疏具有雜義）
之蹟矣貞元會合有泰以開之焉剛柔順應有說以說之焉萬其
（詮發字細入）
物者萬其發其相衍於無窮者固不冥此以兆其朕而物之湮滯
廓然其昭宣是道之能潔齊與天下相見者矣萬物莫不成於所
育則為顯之養而不為一困之吝矣漸生漸長有復以返其初焉
遁推遁滿有萃以安其止焉萬其物者萬其育其相孚於不息者

詮有字確

皆將煦然以保其真而物之嗣續綿焉其無涯是道之能吹噓有

與時存迭新者矣萬物紛紛然耳莫為奠之燚其消而不壽小迫綴

談理各通一闢闢前無往滯

者以理焉則物所難闕之處處皆道所必周之處為發為育並鼓於

一途有相忘於不自知者而紛紛者不紛也惟道奠之而已萬物森

安字即從古不悖難腳

然耳莫為安之恐其乖而不循也迫消者以靖焉則物所難齊齊

數皆道所必飭之數一發一育若延於終古有相盪於不自匿者

而消者不消也惟道安之耳已是知發育在萬物而瞻觀於附麗

標舉研粹

之表道若隱於庶彙而不名焉統萬物以發育苟徵會其運用之

精物皆繪其迹象而可據此道之洋洋乎其大也曷進而觀之於

天、

息心靜氣。深入題與而得之。非淌大人之意也。原評

冲妙者神。趣詣者理。不事鉤玄探與。題無剩義。殆懸風机上三

年視如車輪時耶。鄧太初

錢育萬 柳

峻極于天

安徽姚宗師歲試初入一名　馬　綬

道以天為止境故言道者必極諸此焉夫道之峻非無加於天也乃言道者至天而已無餘境矣不益見道之至大乎且世之廣大而無極者孰有如道哉惟其無所極是以莫可名而必指一境以域之即適肖其體而道又隘雖然道不窮於所之而境每阻於所絕試一仰觀焉而後知限於其迹者未嘗不餘于其理也不如發育萬物是道之充周不窮者其用既塞於兩間而道之發微不見者其體更通於造化洋洋乎道何峻乎凡物之峻者觀所起而即觀所止指尋丈以為程而累而上焉夫亦盡而無餘矣道則積而

徹至

先領峻字一讀見正時文峻極進下者之謬

又遒、極于筆意鐵刻

育叅小題初二　刻入

中庸

中庸

封入

愈有故空虛之地潸於迹者不遍塵而要皆道之與區凡物之峻
者固於物而絀於圓物執形象以相求而更有超焉勢將屈而在
下矣道則通極於無故穆清之表遊其宇者見為高而尚非道之
竟大道亦孰窺其所極也道之峻姑以為極于天而已矣天以
下民物之所共托其不可階升者惟其峻也自有道而天若居可
到之程人豈管窺之見小哉蓋無聲無臭帝之主宰而塞移轉運
道實為綰綴於其間夫既為道之所際而天遂不能獨有其峻矣
天遠而無所不至道虛而無所不體其合撰者寧有積累之縈與
道之名形迹之所不居其不可窮詰者何其峻也臨以天而道友

[洋洋乎發育萬物]峻極於天（中庸）　馬綬

川○明○售○

有跡宿之所夫豈本體之未彰哉蓋無方無體道之化神而御覆
翻轉有更精
包涵天固已丕冒於其上夫既為天之所局而道遂不能更著其
峻矣峻雖止於此而不過道實準于是而齊遺其同量者常有高
卑之別與是以貴道於虛不如課道於有今欲窮道之高而但侈
其說亦誰是仰而見道者惟借天以立論道自依形而立也夫天
中有實際在
下無過於天之物而極之之數適與相符則兩儀法象之星皆斯
理周流之用世有以杳冥之見窺道者試於飛揚升降之中尋其
消息焉可耳然而論道以迹何如論道以神今欲滿道之量而先
轉是天而無外
定其程亦烏觀大而無外者惟從天以塟倒道寔見端於此也大

天下縱有高於天之處而極之〻理仍自見盈則即其所麗之處又究精到
蓋復其所寄之處世有以拘墟之見測道者試從擬議俱絶之餘
觀其趣曠爲可耳盡道外無天即道而著天外無道緣天而顯則
附于道之洋〻也而入於無間者又可得言矣

奇微極于二字入思議字〻摩空亦復筆〻踏實設想只近天
殺邊出險破幽乃使五丁無力　原許
作文須字〻畫清若圖圇吞棗咬汁漿不出何怪隔靴爬癢者
之多也妙於峻字作一讀句極於二字十分有力善作文者只
是認念書念書不通何以爲文耶　鄧太初　峻極于　焉

洋々乎發　一節　　徐陶璋

即洋々以觀道已見大而無外焉夫道徧於下而塞於上也發育峻極道之洋々何如哉且夫人之惆然而不求其道者亦莫游於物之中處於天之下而不知物之並生而不可紀者有道以為主宰天之遼遠而不可接者有道以為究周則俯察仰觀而聖人之道在是矣大凡理之滯者及於此而或遺於彼若聖道之流動則推移變化而不徇其迹抑理之虧者見其多而或[illegible]際若聖道之充滿則紛紜蕃變而不息其機云[illegible]矣[illegible]道以發之而萬物之莫華然得燦呈於天壤焉[illegible]

文章　中庸

物物同體一太極而太極之理即藏之不可揜也
之藏者乎長養固發也即歸於斂藏已愿之氣併康
無非發也物不知其所以發但轉移於道之中而已者也已物
之生也必繹有道以育之而萬物之性命始得各正於保合物同
類而不相害者物異其類而亦不相害其不害之機即德之流其化
也孰有阻其所育之處者乎生成固育也即用其肅殺而方剝之
時旋寓其復則亦無非育也物不知其所以育但滋息於道之中
而遂其生也已雖然處乎天之下者為物立乎物之表者為天
其峻矣乎道苟不如其峻則天大而道猶小也而道固不然有可

得而見聞者或覩於上或覩於下大化日見其流行而飛躍可以
蕩在林前仲通象外
徵其樂有不可得而見聞者或為下濟或為上行氣機不息於升
降而靜觀可以會其微夫自下以達於天其勢甚闊絕矣有道以
彌綸其間則高者不覺其為高也以道之可以及其高而不限於
乘快鯨闢各峙書淡[illegible]表
卑其以陰陽之對待言之資始資生之德充塞於上下之際而乾
坤之各足其分者不更留罅漏之端以動靜之互根言之日星河
嶽之氣往復於清寧之間而剛柔之迭運不窮者有賸焉之
處夫從下以觀於天其勢甚杳渺々[illegible]道以介[illegible]
見其為虛也以道之有以化其虛而無遠非實[illegible]

洋洋乎發育萬物　　四名　張書紳

驗聖道之大極諸萬物而可見矣蓋物有萬而聖人之道則無乎不該也形之以洋洋觀聖道者曷先觀發育乎嘗思宇宙之撒其紛賾而靡窮者何莫非一元之運數寄而無遺者也蓋物不能以自生理托於無形之表物生不能以自遂功參於造化之先物不外道以藏而充積發見之故有在可徵其中爲言聖道之大于何見之試從萬物言蓋分類聚聖人亦與羣衆共處于萬物之內初何嘗見其溥博之神然而未有物先有道也含萬物而化光可然參形生神發知以戴高履厚聖人且與萬物並居于天地之間

亦未嘗見其充溢之量然而既有物即有道也妙萬物而為言已悉備顯仁藏用之功溥溥乎其道之大而無外也可先于發育萬物而驗之以物之無形而得以形也此亦其自然者矣然非有造于命之先者藏之以出則形于何而寄也聖人之道雖不以生物而盡其能而相盪相摩實有絪縕于無迹者固已包孕之無方矣以物之有形而得以成其形也此亦其固然者矣然非有致于生之後者而予之以餘則形于何而成也聖人之道雖不以養物而居其功而相濟相成實有遞嬗而莫見者固已曲備之維纍矣萬物與托始之地所托者道耳故道之道于一物者即道之遍貫物

物也道有會歸之原而實有散見之迹成通成復總不失乎亨貞之理凡夫草木蕃蕪鳥獸咸若皆其道之所流露也洋洋乎其亦何所終也哉萬物無可據之名可識者道與故道之顯乎萬物者即道之推于一物也功用自散于萬殊蘊綸實統于一包函總盡物揭無遁此消息之常所以各正性命保合太和齊其道之所充周也洋洋乎其將何所底也哉再觀峻極於天聖人之道不洵大而無外也哉

題境瑩澈清言娓娓正如秋水澄鮮令人望而神怡　徐敬軒

峻極於天

陸秉鑑

莫峻惟天、道極之而益無外矣、夫天至峻矣而道之洋洋者更有以極之焉不可益見其無外也哉中庸謂夫人日在天之中未有不知天之高者也乃人日在道之中未有或知道之高者也夫切而指之道本不遺於卑邇推而究之道固莫比其崇隆其布濩於芸生者正其貫徹於上下者也謂天蓋高而大哉乾元有以統之矣而道之洋洋者不獨發育萬物已也原各正之後形形色色似涉迹象之粗而溯厥初於胚始則一氣之相摩盪升降飛揚莽乎下、其所始而窮變通久道自不囿於方隅稽品彙之繁其纖巨細甚晶瑩於大而

承上以起本句理處潛藏

究其原於保合則一理之所散布風霆流形浩乎苗陵植爲躬而在
過來續道豈或遺於穹昊是不可更覩道之峻乎蓋嘗化醇之理
體乎寔而仍運於虛故資始資生而太極初無對待之眞情妙合
之凝際乎下而更蟠乎上故無聲無臭而成象莫非天載之精是則
其峻也蓋極于天矣太虛之蘊涵幾無朕兆之可窺蒼蒼之表誰爲
極之耶然寒暑代謝氣推遷是而運然者如斯日月代明孰運行是
而循環者如斯詎非道之有以充周不可也天無不覆而道即極天
之所覆者以大著其功能則凡自天之下有與爲麗必有與爲流
而鳶飛魚躍何非充周而不窮於穆之流形焉鼓鑄隱而難知冥漠

之中誰為極之耶然乎成既奏而後孰為宰之而陰陽和而風雨時
（定○呼○變○氣○精○思○自○貫○○○○而○育）
（致）清穹既奠以来孰為感之而膏露降而醴泉出謂非道之有以範圍
不可也天無不包而道即極天之所包皆以大發其機緘則凡自天
以內者有與為化必有與為率而類聚群分何非範圍而不遺至理
原非杳渺而推行無滯之故有達乎木火土金之序而定其行生盡
（此○若○見○得○有○極○于○天○○○實○際）
氣化之彌綸放乎六合者自塞乎四表太和之翔洽周乎萬彙者自
（道○所○遺○闕○非○若○能○于○位○将○萬○物○伴○處○繼○無）
貫乎三才藏用而顯仁即以發育為峻極而宇宙縱無空虛之處大
（高○○○○○者）
化即在當前而流而不息之機直貫乎雨暘寒燠之而徵其休咎
盡其立體既高則其致用自神故與天道同其不已
乾醇則

其蔡越自家故與乾道同其大生一[illegible]而化而[illegible]敎育而
今古寧有止息之期道之洋洋如此其大而無外也如乎
熟極神來勢如水銀瀉地無空不入邵来吉
道與天看得融洽峻字極字乃不說成跡象亦不入玄虛也程朱
之理爛熟韓歐之氣卷舒想見行文樂事俞挹霖

峻極於 陸

洋洋乎發育萬物　黃汝亨

道生萬物見其大矣夫萬物廣矣而惟道發育之洋洋乎大哉子
思形容之以為世人終日言道而不知道之何所為亦終日見萬
物而不知萬物之即為道則烏知道大哉亡予觀之形焉色焉之
謂物而物於何充其形號物之數謂之萬而萬於何嬂其數大哉
聖人之道乎洋洋乎推而愈出動而不得已物乃生焉一衍而兩
兩衍而無算萬斯布焉藏者藏矣而莫窺而不可藏者瀰
而發其徵出耶入耶而誰與停之其必有為之
而不有而不可息者充周浩蕩而育其神噢耶抑

其必有為之歟者耶一形上無獨立之道而精氣游[illegible]身

之所以不已性之所以各正也一形下無自成之[illegible]縱變化

張云上是熟潘洋

之乎道性之所以各正命之所以不已也鳶魚夫婦是道之流[illegible]

頑鐵皆金

飛躍知能是道之精神摧敗剝落之中愈見其意精自煨燼之末

獨見其奇洋洋乎聖人之道有如此者詎不大哉詎不大哉

三杯葉聖下筆即神　張異度

元氣淋漓障猶溫真宰上訴天應泣孰敢復嗤點為厭塵

洋〻乎發　一節　　　黃師瓊

於洋〻者見道知其大而無外矣。蓋萬物皆道為之發育，天惟道為之峻極，洋〻者何如，而不已見其大乎。今夫道在宇宙間，行而不息者孰得而限其所流，塞而無方者孰得而窮其所屆。道無定形也，即以宇宙所有之形為其形；道無止境也，即以宇宙所有之境為其境。人無日不接乎至賾之倫，無日不遊乎至高之宇，而亦知俯仰之下無在不與道俱乎。

洋〻二字滴字實發為大以何等力量

大哉聖人之道，何以見之哉。品彙未開之始，太虛之一屈而一伸，如[illegible]有以百其根[illegible]油然其必行，而于是沛然其莫禦，而于是曲折紆迴而[illegible]始

○洋〻

使其體少有所滯雖其所能及之數必多于其動
其所不能及者已有可名是即其　一有未洽焉　言大道
之思其何所不洽乎則洋洋者乎於穆不已之初　極之一動而
一靜者亦有以立其樞紐焉于是坱然其柔足而于是浩然其無
涯焉于是渾淪廣博而無所往而不充使其分或有所遺雖其形
能徧之際必踰于其所不能徧之區而其所不能徧者已有可指
是即其實之有未周而不可以言大道之至其何所不周乎則洋
洋者乎發與億而巍乎物物固不爲其生而後不自生也物固不
遂其長而亦不自長也洋洋乎聖人之道主宰綱維于其際斯氣

之通而為資始為流形氣之後而為各正為保合凡蕃變之盡

物之類者物以是為發育而莫非聖人之道為之彌綸也人第見

其對時若聖人之用之有以及乎物而不知其道實與之為體非

是道也則百昌無以為曲成而芸芸者不能有時熄也哉試與仰

而觀乎天天之體虛懸于上而不覺其虛也天之象遥隔于下而

不覺其隔也洋洋乎聖人之道運行充實于其間斯氣之聚而為

聲色為象貌氣之散而為升降為飛揚凡化育之家　八之下者

天以是成其峻而莫非聖人之發　之蟠際也

聖人之量之有以參于天而不知其道實全乎其　而裁成

洋洋乎發 二節（中庸） 黃道周

〇〇〇洋洋乎發 二節　　黃道周

竆觀道妙，則於其爕然者矣。夫兩間皆禮也，極而數之，洋洋優優，信乎大哉！且聖人者，誠而已。誠極而斂，以抉幽明之藴，而成參贊之宜，則含禮何之矣？今曷以言聖人之道，執聖人者動而儀之物以滑體於天，見流峙化生同根不貳，則其立之極者不滑不精；動而求之天以成儀於物，見博厚高明同歸不測，則其致之動者不滑不繁。蓋於是而禮始作也。由今觀之，一何其洋洋乎！天覆之無涯也，而物汲其中，諦而思之，之皆有準，反曲折之文，以相接於若知若由之外；萬物之無涯也，而天冒其上，約而論之，之只峙上下左右之意，以共浴於為尊為親之，以蓋自發一物，育一物，以至於盡物而已，極於天矣。大

名文彙選採微　中庸　天啟壬戌　名家卓編

矣哉吾再以想其優優也百千進取而酌之不窮人徒見其儀再而儀之先孰造之夫果師諸物而還摽其模乎抑無此先造之者而物亦將遂窮耶千聖共裁而範之不過人各因其儀耳而儀之外激通之夫果取之物而還盡其官乎抑無此秀通之者而物亦將遂膠即致行遂息共此道織萬物之具有禮儀威儀者既人但微加發行微加藻孚而之化神於天載含氣屬形均以道量一物之即為三百三千渚聖人使發之自行育之不害而已蹤燦於兩間是以一想其洋洋而隱者已章俯仰之際鬼神效能是其大之不涉於方虛也再想其優優而微者愈著尋常之故賾智莫窺是其大之不分于名迹也觀聖人者則盡於此矣是以中庸言誠必言鬼神言鬼神必言禮樂

問學德性同會於此。是則仲尼周公其人也。
兩節開合處數文析理獻徵無倫文開原評
聖道之所以能發育萬物而峻極于天者不可得而見也見之於
禮儀威儀而已成形成象者天地萬物之文也三千三百者聖人
之禮也無外無間是即聖道之博文約禮也此文從發育峻極雖
原礼字從礼字刻畫儀字洋洋優優說得融洽變化源流井然明
則有礼樂幽則有鬼神而所以為道之體者不過一誠為道之用
者不外一禮此數章書中禮字看輕不得予淺說儀字遂破粗
看禮字其弊將舉文武周孔之述作而等之儀文度數無惑乎刑
名法術之言紛紛而起也石斋先生重講禮字直抉發育峻極之

所以然、與所當然、非深於易理者、不能有此入微盡顯之作、凌仲遠
烏鳥知父子、蜂蟻知君臣、雎鳩知夫婦、聖人制禮、未嘗不從體物
中來、聖道發育、即在千百中見範圍曲成之用、合禮言道、不入于
虛無、則流於名法矣、但不能修德而敦學、則禮為虛文耳、文以精
言扶其實理、京房之奥、仲舒之醇、可謂兼之、沈虞注

洋洋乎發育萬物峻極於天

賈兆鳳

聖道極於無外、觀之洋〻者而可見矣、夫萬物至衆也、天至高也、而莫非道之發育而峻極也、洋〻乎何其大哉、且夫執拘墟之見者、與之曠覽於至賾之途、縱觀於至高之境、則咸覺而驚之、以為其大無外矣、而不知天下之有數可紀、有象可指者、皆為形而下者也、苟無道以究塞乎其間、此高而賾者、又究何所為也乎、知此者可以知聖道之大矣、（發洋〻乎三字渾到）天下固至實之境也、實者其機易滯、吾只[illegible]時流行[illegible][illegible]焉、然使耳目之前有動機而不復、[illegible]其餘則所[illegible][illegible]於所流之數、而其力仍未全也、孰知此機之暗動者、上〻

又至虛之境也虛者其理易默參於道範充周之日其處所
前有化機而不能周乎其遠則所以數已半於所存數而其量
猶未化也孰知此理之彌綸者其莫有窮也乎至而何以詳並何以
見之試近而觀於萬物之飛潛動植各有一定之質混雜者而欲
二五妙合之際陰陽變復之機為此中分明萬出
其相生恐大化不能均普矣而道則使之各為生而不相違性動者
常流性靜者常伏故作息之類並容焉本天者親上本地者親下故
飛躍之機兩適焉是則道之別陽於陰別陰于陽而使之各正其性
命者也一物之長養歸藏各有一定之候用溫者又時而用肅恐生意
亦或有限矣而道則使之迭相繼而不可窮春夏舒而秋冬斂不知

陽潛生而歛即藏夫舒焉雨露和而水霜烈不知五行相制而和

即藏於烈焉是又道之寓陽于陰寓陰於陽而使萬物永遂其安全

者也發育萬物道可不謂大哉而未也試仰而觀於天今夫天麗於

峻千百極才是東且謂其飛高不落空浮

上者渾穆之體已耳然徒恃其體以為主持則天止不能以終古惟

道至健而天得之為不已惟道至誠而天得之為分流由是飲御變

化芸生盡荷其併幪要其發育萬物而無遺者皆道之所併包而無

外者也天惟本之以下濟而天固已無事矣且渾然一者空虛然

已耳然徒恃其氣以為運行則天亦能以一息惟[illegible]以中為本而

天得之為太極惟道以和為用而天得之為分流[illegible]

族群沾其利澤要其生成萬物而無憾者皆循之也天惟奉之以設位而天固已多矣觀其峻極之能參之發育之重大哉道乎孰有能外之者

以快筆闡發精理橫說豎說俱是易繫中要妙之語足與太極圖說東西銘諸書相為表裏　方雲舉

真醇淵與合經籍儒書之精蘊而成是文汪方麓歸震川後有餘年無此作矣　曆巖

洋洋乎發　一句　二名　葉向榮

即發育以明道其洋洋之者極乎無外焉夫萬物非能發育道為之也然則道之洋洋之不已極乎無外哉今夫無類馮生其數煩而不可紀矣顧一理自為弥綸即大化旋為鼓舞無間無窮之品類蓄有体之而不遺普顯呈其蘊于群分類聚之中則以知流動充滿之真机夫固觸目焉而無乎不遇矣聖人之道于何見其大哉則試觀之物極蠢蠢不齊之端萬難物物之各為之陶鑄使泥乎其迹則勾萌甲坼皆不能應候而群啟其緘何者幾有以發之也綜觀後無定之形蜚蜚物物而為之揚翮使獸乎其蠢飛潛動植

及不能總合而各分其天何者氣有以限之也乃吾觀乎寰宇
乎無關聯也亦無限量也試且即發育以觀之一物莫不專乎其時
[illegible]
如鳴蒼陽秋之類是也乃蟪蛄不識春秋朝菌不知晦朔推之氣
化形化一物也而寒暑遞更其象則發育之隨時以淡乎常易時
以淡乎變者即非物之自能知也統而計之莫非斯道之變動
時地二義亦發
不倦而已矣物莫不因乎其地如空桑宜蠶之類是也乃爲貢別
九州之產職方匯五土之宜推之蠶繭氣殊一物也而南北互易
其形則發育之隨地以守其故遷地以改其新者知非物之自能
若是也神而化之莫非斯道之幽微不可擬而已矣而且未修以前

物何以始既育之後物何以終元會運世之符自有循环不已之勢而來有物先有道太極之精萬殊所以一本抑發與育襟処誰爲絪縕育與發遞嬗誰爲區別往來遞復之妙自有並生不害之机而物無窮道亦無窮情原以往一本所以萬殊迫观峻極于天道之至大無外不可見哉

融貫通書西銘立言有体而其理寔氣虛同工異曲尤有臨風浩歌之槩　徐毅齋

洋〻乎發　問學　　蔣世基

中庸極言聖道之大、而因舉夫修凝之大端焉、夫洋〻優〻、聖道其至矣、誠欲修德以凝之、可不於德性問學間致其功哉、中庸謂夫統巨細而兼該者聖道之量、合內外而交盡者聖修之功、（筆如鐵鑄）吾何以言道之大乎、蓋自其統會者而言之則洋〻乎發育萬物而為品彙之根柢焉、峻極于天而為造化之樞紐焉、何其大也、（不易注疏）自其散殊而言之優〻乎禮儀三百五品劑而五常協也、（對〻消〻說）威儀三千周中規而析中矩也、何其大也、（〻語洋〻落〻）既充周不可窮而位育有本、亦體事無不在而秩序常昭、（即〻來〻即〻渡〻自〻在〻然〻說）至哉道乎、是固待其人而流行者也、苟非其人

關○針○合○理○密○○深○密○具○見○根○柢○不○偏○行○文○接○縫○熟○力

則無大德以立乎內而本然之理既失何以使洋洋者凝之于一

心無小德以周乎外而當然之理既虧何以使優優者凝之于吾

直○接○自○在○風○流○

體君子知其然也以為天地萬物之理久已皆備于初生是德性

分承

也不可以褻而弗尊也務有存焉息有養焉蓋無時而不敬德矣

絲○扯○確○

日用行習之常亦必取資于聞見是問學也不可以棄而弗道也

古訓有獲疑事無質蓋無時而不畜德矣修德疑道之大端固如

原○扯○確

高○簇○對○收○格○律○整○嚴

此要之道無大小合之為一散之為萬皆三極大中之矩至道之

歸也功無內外而德性非虛問學非粗皆明體達用之要至德之

基也而其功尤不可不求詳矣

大德小德。原本語類。蔟德性問學句。引經又極確當具得握犀分流之妙。原批

不危不蔓亦整亦暇文到真醇境界。聲色不動範圍眾有如此。學勝養充勝也。王學師

意密而氣充。舉重若輕。由其於理竅中探索得純熟也。光士

洋洋乎發 一節

蔣拭之

以體物者觀道極于至大而無外也益盈天之內唯萬物而道為之（題義已解）發育之則道之峻也極于天而已矣洋洋乎豈不大哉今夫布濩于宇宙之中而未嘗息者氣也而費莫非理為之蓋氣本乎理以為之運即理秉乎氣以為之行而道之為道固有不可得而限量者焉試以其大而無外者言之洋洋乎（另題洋洋好）窺之無端測之無際而隨在皆變動之機遠之不禦近之不遺而無往非充周之覽吾見萬物之自無而有也不自發也道為之發之出乎震齊乎巽相見乎離而暢茂條達（是發）者沛乎其不可遏也自有而無也不自育也道為之育之戰乎乾勞

乎坎成言乎艮而休息安全者充乎其即在也始終無間而物有其生息者道即與之以屈伸卑高以陳而物有其浮沉者道即與之為升降是故俯而察之而鳥獸草木之蕃跂燦然其成形者仰而觀之而風霆日月之行復眡然其縣象顯之為理而高深南北之區既嘖然其下莫者經之為文而寒暑晝夜之運復坱然其上行然則莫峻唯天可以供萬物之往來而怙冒者無所不及亦莫峻唯道可以鼓萬物之出入而彌綸者無所不周使道而或有其津涯則必天而周有其畔岸而天之體不可窮則道之體亦不可窮也使天而更加遠恢廓則必道而更極其高巍而天之量如是止則道之量亦如是止

也。其發育萬物也。直峻極于天而已矣。天覆物以成能。而物即以載道者附麗乎其際。天本道以立體。而道更以生物者蟠際于其間。則

立天之道曰陰與陽。天之所以為天者亦道

是天地之內萬物之數徧滿而不可名。發育之功周流而靡弗屆也。

洋洋乎其真至大而無外者乎。

題義塵封已久自余發其端得君作并為我一臂之助何快如之

卷大世間若得吾輩數十人撐拄之則斯文自可復古矣董[illegible]歐

洋洋乎

中庸

四三

發育萬物

福建汪宗師歲試
長樂學一等一名 劉永標

以發育言道、道之洋洋已見矣、夫萬物何以發育、亦曰道發育之而已矣、道之洋洋、不已見乎、嘗思萬物之生息。皆造化之氣機為之也。而不知氣機之所布濩。即大造之所流行。故道存於無形也。（鑿破混沌）先萬物之機。緘以啟道。貫於有物之後。萬物之品彙以昌。試為息心以默驗。夫乃知斯道之充周不窮者。已昭人耳目間也。道之洋洋何以見之。吾蓋觀於萬物矣。乾坤以生物為用。則紛紜庶類靡不樂受其生機。顧生機常引於弗窮。（道理靈透）皆生理常伸於弗匱也。孰為主宰。孰為綱維。自乾知大始。坤作成物以來。（溯源星宿）固各挾一自然之理

以默運其陶鈞一陰陽凝㢋物之精則絪緼化醇能不求端於二氣
頤二氣為之發舒必一誠為之終始也何以各正何以保合自動
性理對易經本來原々可異諸家
而生陽靜而生陰而後固顯特夫太極之真以獨神其鼓鑄則萬
物之發育也非道為之發育乎物不能自發必有所以發之者而
甲拆句萌乃無鬱而不宣之患今試思形聲未兆之初誰主孳生
竟勃然而畢發甚且春秋冬夏時不同而物之發者則同繁滋暢
實一能道出所以然非同浮物
乘地不一而物之發者則一苟非道之微窕不虛而物何以自無
遺有乎雖變理陰陽聖人亦常以一己之性情調兩間之氣化而
要其所以為節宣者正不能於道外別取一術也是可知道為萬

斬釘截鐵

物托始之原而物不能自育必有所以育之者而飛潛動植乃無滯而不暢之機今試思參差不齊之衆誰加保護竟並育而不傷甚且雨露潛滋物之育者固有其具即風霜肅殺物之育者亦不終窮苟非道之流而不息而物何以久而不敝乎雖樽節愛養聖人

補出聖人道理更透他手只似聖人發育萬物也

亦常以馭世之大權輔造物所不逮而要其所以為曲成者亦不能於道外別有其方也是可知道為萬物立命之本夫自道之散

梳協分明理境中有撐背遊行之樂

著乎萬物者言之則萬物各有萬物之發育而道不憂其弗給蓋道固體物不遺者也是故形形色色司其柄者不必問其異同而大化所彰即當前之觸耳過目任舉一端已足徵其迹不遠而遠

不禦之槩而自道之統括乎萬物者言之則萬物不外一物之發育而道亦不流於拘墟蓋道固以一貫萬者也是故以蕃以昌握其樞者并不見其繁賾而真機所運舉宇宙之細微纖悉一經體玩皆可驗其統有宗而會有元之精道之發育萬物如是觀其峻極於天道之洋洋不愈見乎

二貫一罄題無遺義

撰理寬以抒翰言泉倒峽滴滴歸源　原評

神氣恬靜義理精湛醇乎其醇與道大適此從熟復研究得來非掇拾理語工撫牙後慧者　廖南崖

洋洋乎發育 一節　　潘安禮

聖道大而無外物與天皆其所際也夫萬物與天亦至大矣而推遺有以發育而峻極之洋洋乎豈有外哉今夫芸芸者其繁算乎蒼蒼者其無窮乎孰宰是孰綱維是試一俯察焉仰觀焉乃歎聖人之道之大包羅倫而涵太虛誠有莫之能測者也道由靜而之動動則一元之所寡見以顯紛賾而達露生故是乃謂之象形乃謂之器道自無而之有有則一真之所洩足以薄蒼天而昭冥漠故發微不可見充周不可窮洋洋乎號物有萬者植者莫非道之變著雖天蓋高而浮者沉者外

入者

之精醞盈天地之間惟物而物豈等於人合者乎[illegible]而
聰蘇有大力負之以出也其育焉和陰氤絪縕[illegible]矣
而綜之以物而萃焉而不爭散之以萬而各給而不匱無以陶冶
情以行徽以文
百族之質而道為之本以色遂焉生之情而道為之宣第覺形形
色色寔有如是之滃淪適滿者參自萬物以上皆天而天豈論乎
淵然渾渾乎
虛無者乎其峻焉者游氣飛揚大化之以息相吹也其極焉者太
空濛茫於穆之以命相接也與天同體而理尊而難測與天同歸
而洪業而可效蓋以肇開三才之奧而道在先天以維持六合之
稠而道在後天第覺死方死體寔有如是之流溢布濩者矣開闢

以來天無日不以生物為事而不知萬物皆道之所則而洩也乾元資始而大始之權輿自在坤元資生而廣生之根柢難窮則各正保合見道之發育而微末皆載神明之運生成而後物無日不以藏天為念而不知天一道之所浮而動也品彙流陰陽之化而

真從道一邊分疏，果了題無限

易簡是其精六子書鼓舞之神而健順是其質則垂象著明見道之峻極而造物愈根大一之原聖道之無外若此豈不大哉

遊神妙旨抗辭幽說綿絡天地旁薄羣生目知耀星舌如雷一縱一橫故足奪晉慶而撒米

洋洋乎發育萬物

江南張宗師歲考
合肥縣學四名 蘇國梁

道極于無外、即萬物已見其大焉、蓋道之洋洋者、非必遂萬物而（原批須）
發育之也、而觀于萬物之發育、不可以識道之大乎、今夫兩間虛（題真起有勢異常）
其中而物實之、萬物虛其中而道實之、苟無道何有物、性即道體
之充周、而統觀庶彙、舉凡物之萬有不齊者、莫不于此有畢達之
蘊、然後知天下之形而下者、皆形而上者之所宰焉也、聖道之大（從發育）
于何見之哉、動而生陽、靜而生陰、無一不在資生資始之內、而充（有三字寫得酣足）
莫測生始之何以資、蓋陰陽互為之根、固滯之[illegible]或滯也、變化
之流也、仁與為顯、用與為藏、無一不在成形成象

形象之何以成蓋顯藏迭為之運匡臨之而無感
也渾渾乎耳目之前何所不貫乎闔闢之地何所諸乎而不見
發育分比極精確
夫萬物乎一物之生也必蒙蒙而無與振之則成象效法茂由形具
暢遂之情乃觀于萬物誰為舒其鬱而無不有以胚胎也誰為開
有上三字在
生新而無不有以光亨也萬物之發也其有發萬物者乎萬之生
也必釋釋而無與養之則類聚羣分茂由臻于盛大之域乃觀于
萬物誰為厚其生而無不有以各正也誰為玉其成而無不有以
二比合講
保合也萬物之育也其有育萬物者乎一而究非物物而發之物物
而育之也任萬物之合生負氣者無非此二五之精妙合而凝而

發者自發育者自育遂釋沐生成于大造而究非物物而待發物（胸如鏡筆如繡）
物而待育也任萬物之出震成艮者無非此機緘之妙絪縕化醇
而發者皆發育者皆育不啻受陶鑄于洪鈞故即一物言之則一
物各有一物之發育而由此徵彼于彼非有餘即彼驗此于此非（一物各有一太極）
不足所謂散太極于萬物之中而不見其少也即物物言之則物（方是詳）
物共有物物之發育而前乎此者非必儲其用于方來後乎此者（萬物統體一太極）
非必借其精于既往所謂納萬物于太極之內而不見其多也（對更廣）
萬盈數也物盈而道能容故萬物統于道而幾……有之功爲統（此二比說理太精未而楚語亦復精粲）
詞也物統而道能分故道運于發育而遍肖萬物

道誠洋洋乎

題旣截去下句。請上三字。須句句伏發育句。抑亦須割截之。發至請發育句。須緊抱上三字。又不僅在截去末句也。大極圖說而精深醇肆。尤得力于通書正蒙。原評

精理醞結。灝氣流行。三十年前試牘。求其精確發揮者絕少。得此如獲夜光。

洋洋乎　蘇

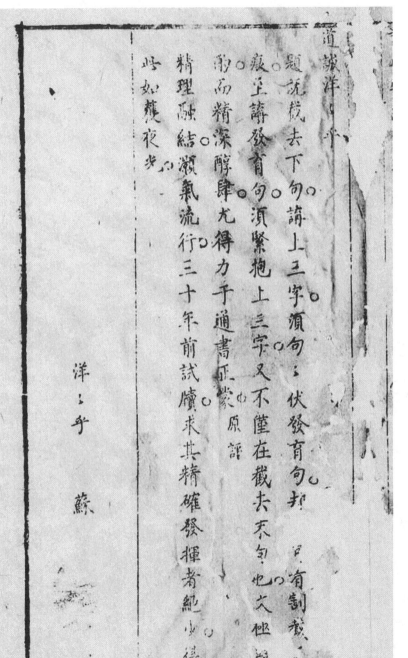

神

康熙戊戌　沈錫輅

窮神者不言神、語固不輕也、夫聖人窮神者也、宜言神莫如子、然亦豈輕以語人乎、吾不斷鬼神之說久矣、意者其有不可言歟、而求之在耳目之前、意者其無不可言歟、而即之在冥漠之表、蓋妙萬物者自有默契之原、而通神明者不在語言之末、故子之不語、又可類而述也、何則、事之所本無與理之所固有、邪正之分也、謂（發上三項不語析入集中有筆）禍福興而夆殃降祥、幾等神于怪而故絕之、則亦學者之所必絕矣、道所不可有與理所不可無、常變之殊也、謂地天通而誣上行私、幾等神于力亂而故置之、則亦學者之所必置矣、子蓋以氣化之神綱縕以靡窮遠之固不容于語且明之神出主游衍而皆是藏之亦不輕于語（補窮理一層即敲動語字）也造化之大屈伸消長而天地之情見焉神之靈耶則惟識參造化者可語于斯耳（希夷之圖康節之書猶未免乎）不則屈伸如是消長如是一一而疏明之俾洽于迹而衍疇考圖者拘蕩其真而談天齊物者蔵賾賾者何所底乎亦順夫晝夜寒暑遞兩間之往過來續斯已矣物生之儁血氣心知而經緯之宜出焉神之效耶則惟周知萬物者可語（呈氏德禮夫一理二字所以不謙得畀神）于斯耳不則血氣何似心知何似一一而推究之俾滯于有而矯揉修養者荒遁于無而委棄形骸者謬（此義補得高）紛紛者何所極乎亦凜此陟降上下率百族于日用飲食斯已矣陳牲薦幣

神之追報禮言之矣然惟聖人成民而致力于神故郊廟壇壝以

不語中偏其以本領在

制其禮以行其義既非後人之所能明即五祀之衆禰祖之享舉

而所進一層

世所率從而但使之由其事不復與之言其理語固不易也不然

夫子既云我祭則受福矣豈難發其蘊哉仰觀俯察神之情狀易

言之矣然惟聖人察明而并通于幽故陰陽變化能原其始能要

大于有以拒乎路之問也

其終既非學卜之所能識御精氣之物游魂之變有生不容外而

寧俟人之悟其理未嘗與之高其論語固不輕也不然夫子嘗曰

補謝頭

所以窮其情狀矣豈或未于數蓋乃知人生視聽食息猶多不解

之故況余之可信而求神之甚淑士人于百弟友所當急求其

揭爲其明乎人之義可漸曉于神之說矣故與怪力亂同其不語也

博碩曉暢恐賈生宣室未盡茲義　儲六雅

震川先生謂易圖交疊環布是邵子之學非伏羲之書豈以造化深微而屑屑言之耶中幅有見斯義後說到惟聖人寔能事神寔能知神才是不輕以語人深際淺學那能道

神

沈

神

江南潮宗師月課
歙縣一等一名 胡二樂

神道微而難知聖人所以不語也夫神固非怪力亂之比矣然其理至微非知變化之道者烏足以語此哉嘗思窮神達化之說知之必其人而示之有其候故聖人以神道設教而終不欲以神道

老 遵云二比先將神之勝用竟簡

惑人則所不語者神又其一矣散殊而可象為氣分陰分陽絪之

透微高壓建氣

見于形物象顯而精之乃在絪縕摩盪之先清通而不可象為神混兮闢兮大之涵乎古往今來而小之即在晝夜呼吸之際然則無在非神而粗言之不得也無息非神而小言之不得也噫嘻是

合到不語

可一二為淺人道哉資始之初神為之宰將語之以未有是物先

有是神而彼不知也反謂臨在上而質旁斷尸為民之主矣則（命意曲折高超）此禱之闡雖萬變無可無心流形而後神為之體將語之以既有是殺必有是神而彼莫識也反謂居吾膏而宅吾肓既已為靈之（借用奇巧）充矣則此身於仁義中正皆為多事風霆日月不得不措為神也而見風霆日月者遂奉為神焉由是往來而必窮其狀升沉而（原評寫小乎）必究其形曰此神之法象也辨別之下彌形其幻耳吉凶禍福不得不命為神也而際吉凶禍福者即確見其神焉由是降祥而必（奇妙）報其功降殃而必禳其罪曰此神之賞罰也論說之餘愈滋其惑（遙云二比更提撥扣前言神此言事神○惟[illegible]○理○之言）耳在仁人郊天社地禴祠從丁闔位纘續從于方澤必其人動者

至者乃足以語此

靜專之德無不致乎其精而後光華所格乃能通諸無聲無臭之原後世言神者矯誣甚而沴氣乘淆雜爲降莘用鄫之禍在乎

究其流弊

尊祖敬宗時祭不妨以四月祭不妨以六必其人理陰贊陽之道無不極乎其大而後遠氣所存乃能使于不見不聞之地後世言神晉蠱惑孳而妖祥作郵者爲譆譆出出之聲豈非神之道也微而未易以輕言者哉嗟夫爲子爲弟之職其而原始反終神明不

秋東平分開祭

昭吾心之本體戲言戲動之俱泯而不愧屋漏我身即爲天下之至神子之與怪力亂而不語也意在斯乎

融會大全語類諸書乃有此操縱離合之論被發之以祭祀之

神言者。未免以臨論蓊之見。原評

專從內註意識神字便帶語字寫原竟。妻實能透出所以不語之故。抑何精也。而堅凝刻露。筆力更高。自非天人並到者。豈易辨此。趙潤川

味道含經。不同雜著。張履安

神明

皆不及門也

聖人之門無復有與陳蔡之多矣夫子之門豈繄無人而從陳蔡者皆不在焉宜其嘆也且人情何消為關心之處但此聚散之間耳當其聚也不知散之悲及其散也始念聚之樂撫今追昔慨係之矣哉於是而思陳蔡之事焉七日之困其憊已甚而吾不以為厄蓋以憂患猝乘而追隨不無佳士則顛沛亦可以相恤絕糧之在其病已（題前翻倒取勢）極而吾不介于懷亦謂率彼曠野而唱和幸有吾徒則拳寂皆可以無憾而今安往乎（單句轉下）或策名仕籍而供王事之勞者有之矣否則東西之轍南北之轅一車兩馬奔走告勞焉能後偃息於杏壇之上或學

業既成而賦曰歸之付者有之矣甚則幽明異路生死殊途夭壽其年亟衰不作焉誰復相從于洙泗之濱我非不知人生忍無百年常聚之事而弟以昔則相依于一地今乃分散于四方形相弔也影相憐也孑然無與惆悵殊深矣我非不知此日已有不可復回之勢而弟以昔則危難與共今乃安樂弗同其室則邇其人甚遠思而不見感傷彌切矣師弟之誼人所難忘況又重以艱辛之事患難之倡情所難忘況又皆稱天下之杰一人而或久聯焉〻且抱離合之感何今日而竟無一人之相游一時而僻處焉猶不無離索之悲何今日而竟至總見之無時乎嗟已矣虎兕之歌依然〻〻而至問倚歟

而和者乃徒託之夢寐之中兵戈之困宛然往日王問左右周旋
者乃皆不列函丈之從賴費闕里之望反不如陳蔡之際猶得以常
相聚戀也余獨何能不悲哉
層々摟剔炊態模生讀之一遍覺悲風颯々從窓罅飛入

皆不及

皆不及門也

浦城縣案院院課士擬作　方樹謨

聖人念切諸賢、於其不及門而益悵矣、夫及門、諸賢固夫子所不能忘者、思而不見覺陳蔡尚屬適意之遭耳若謂最可樂者師弟（忠口如說）聯一堂之誼而最可嘆者今昔分兩地之情然使平日之聚處者（傾陳蔡）過不窮情不極則別後之相思尚不必其至痛也如我嘗阨於陳蔡矣夫陳蔡之從我者孰非及門中人乎瀕艱危而不舍二三子（胡論處賦惟怡人）之於我也寔有死生與共之思則出險履安尚願以函丈綢繆深慰當年之虎兕歷顛沛以相依我之於二三子也更有甘苦可同（曾共胡）之味則時移事過何妨以坦途聚首遠追七日之絃歌是即形迹

入為背字篇勢

偶乘中心已多抱憾一倘耳音容乍渺方寸愈覺難安而孰知其肯

前部用綱中幅自宜直起

不及門也一睽東山之几席書策依然琴劍猶是而彌歌絃誦果孰是昔日之從遊也夫人情當艱苦共歷之餘每款相舒其憂轉詎

烏不

謂始之與我同其憂者終不得與我同其樂也雲山蒼蒼江水泱

及門文中有畫

泱而爾室之晤言轉遥寄之千里之外則際此蕭條獨處而隱念能不悽然撫闕里之匡居執經日進請益良多而座側周旋果誰為曩時之朋侶也夫人情值勞頓共嘗之後每覺相愛之倍真詎謂昔之與彼同其勞者今不復與彼同其逸也風雨瀟瀟雞鳴嘐

真是雖然傷情

嘐而同時之氣誼轉若結一千秋之想則耆以寥落無偶而中情

末幅又點閒說起

能不顯然一意獨寫其所欣即幽遐何弟若虛巧墻也洧舜晏也有

文情跌宕

變而以從吾遊者亦等於意想之數難心游戚矣夫以二三子之

再宕一筆

形睽勢阻即寄懷師友或猶謂堪留一二以相慰藉於同堂何意

儔侶凋零而迴思在厄追隨竟徒成不再之事哉神獨深於所注

即曠渺何不可通乃琴也遇文夢也遇公而以列吾黨者亦托於

精神之惝恍意用傷矣夫以二三子之雲散風流將異地閱情亦

此以直筆作宕

必悉晤對日非無後流連於侍側則當吾徒遜謝而試念絕粮聚

處不猶屬難得之遭哉故縱論幽蘭早隕長屬抱痛於九京即或

此猜照下節

驤首當途或隱身桑梓而伊人不見則杏壇講誦想神馳於往日

之群英。亦毋論萍跡無期。終嘆天涯之沙門。即或時光可俟。或後會非艱。而現在各方。則泗水觀摩。自結恨於當時之俊彥。奈之何哉。奈之何哉。

生離死別常談累幅何味文說不及門處偏有幽情冷韻沉吟一遍齒頰皆芬雅俗之殊品也如此　浦城徐邑尊原評

文情俯仰揖讓得歐陽子之遺　黃樂序

皆衣褐　　許子衣褐　　新穎集　　呂　登

衣有出於一致者、如其師之衣而已、夫人何必不衣褐、乃至數十人而皆然也、則奚為者也、然獨不見夫許子之衣褐耶、且夫被服者身之章也、服非其服則人非其人、然正不必比而同之矣、而彼異端者、必使人之一如乎我而後快、故此曰服無不爽、彼曰服之無斁、非爾我之自服其服、蓋曰吾師固如是云爾、其師謂誰、許行是也、為堯者服堯之服、為桀者服桀之服、許子而為神農也者、則必別其衣裳、殊其服制、使天下後世僉曰此許行氏之衣也、詎非許子自楚至滕之本意哉、乃吾見皆衣褐者矣、非他人、許子之徒也、噫嘻異矣、以數十人之多、而無不衣褐如是耶由是而捆屨則皆捆屨矣由是而織席則皆織席矣衣固子之衣食亦許子之食天下謂許行氏有徒焉雖然人亦孰有徒乎哉當是時有負耒耜以來滕者兄曰相弟曰辛問其所學則曰陳良之徒吾聞學古者非先王之法服不敢服不知師弟子其皆衣褐與否獨是相之與辛既慕聖人之政而來上可以在羔裘豹飾之班下不失為布衣韋帶之士乃何以見異而遷取素所被服者而遽棄之也嗚呼許行氏又多此兩衣褐者矣且充許子之意必浸假而化君之黼黻以衣褐浸假而化臣之章服以衣褐浸假而化民之襤褸以衣褐即吾孟子亦盡棄其施身之文繡以衣褐而後謂之聞道而後謂之賢君並耕之說相故見孟子而稱述也嗚呼此真衣褐者之言也今夫

饑而後食寒而後衣先王皆有定制必如許子之並耕則是隴畝之上有耘耔之君相而組紃織紝之功皆有衣褐之徒爲之矣曰衣曰食亦還以許子之說詰之耳許子不耕何以教天下之並耕微相言固知許子種粟也許子而織何以教天下之不織微相言又知許子衣褐也吾今乃知衣褐者之有由來矣人有可以衣褐者即有可以不必衣褐者然許子而衣褐則皆衣褐焉耳嗟嗟滕有許子幾何其不胥國人而衣褐也

皆所以明人倫也　親於下　存真集　失名

揭學校之實義而知民之親有由也夫倫莫明於學校故立教之意皆同揆也體此意以明之而民有不親於下者乎慨自倫常之道不明而學校幾成虛設於是上下之間有日失其親而不可問者矣然豈民之甘昧於倫哉古聖人欲民共敦乎倫必先求所以使知乎倫溯其制者不能顧名思義以求其精意之所同而遽謂上下之志難通抑何難覩乎仁親之效而自待太薄也如三代建學立教義欲導民於倫也而庠校序不同若彼國學之同若此其意何哉臣嘗即其制而思之而知當日之民能明夫倫以共相親者皆由此也後世之學尚文藝上世之學

重倫常倫無不明斯有以發其孝弟慈祥之性也所以迪民有精心無非君臣主敬父子主恩之意之所流示而大統所在辟雍之鐘鼓常新後人之學競才能古人之學先倫理倫之既明乃不至失其孝友睦婣之情也況夫教民遵古制自有道德以一風俗以同之效大其化成故歷世雖多成均之教思不陂皆所以明人倫也然則克明夫倫者可思矣然則欲明其倫者可勉矣時會詎無隆污而有異世要無異教讀上古之遺書而油然有動撫先王之成憲而穆然興思無他倫理固在人心也上有倫下亦有倫惟在明倫者善求其意焉耳法度非無增損而既同道即可同風圖聲教之訖先驗躬行握道齊之源乃徵嚮慕無他倫彝共此天秉也明於上亦明於下是在明倫者一撥

其幾焉耳夫然而知倫可共明也草野何知靖獻食租衣稅皆處仁厚之天況游於璧門泮水之間明見乎人倫可樂也君上不忘愛慕斯衢歌皆忠孝之章深宮自飭紀綱則野老式豆觴之色去頑革薄有漸能相效者矣而三代所以治民之意不至今猶存乎夫然而知倫當亟明也顓愚雖有性真箕帚耰鋤或移於悍殘之俗必習於春誦夏絃之地乃共知人倫當遵也菽水雖疏精之即天子養親之意乾餱無恙體之爲戚朝禮讓之儀奉上急公有久而成俗者矣而三代所以化民之休不於此復見乎今者於恒產既足之後體所以明人倫者而明之將見人倫明於上小民親於下也何慮國之小哉

皆所以明人倫也

越華上一　姚紹崇

教統明倫鄉學國學無異致也蓋人倫者教之本也庠序學校皆以明之而已三代豈有殊教哉且自異學爭鳴而逞其異者遂矯三代立教之傳而為上古無稽之說此人倫所以不明於天下也豈知人道有不易之經統百行而務端其本倫常無不沿之制歷數傳而不改其規其統以修明者彝訓無異其別以鄉國者雅教胥同也學則三代共之不若庠序校各殊其名又豈與庠序校頻殊其義哉吾乃知三代共此學即三代共此教也實三代共此倫也先王知人紀之不容或殊也乃為建首善於京師鐘鼓遠播甄陶之化而猶慮五方錯處特於或校或序

或庠之地宏樂育而各立主名所以勝國與朝有易姓者並無易法圜橋璧水無非以倫紀為立學之原先王知彝倫之未必共明也故為萃人文於都會俎豆聿昭雍睦之儀而猶慮五品多乖特於曰校曰序曰庠之中廣栽成而共敦明訓所以法良意美有殊號者並無殊規知春誦夏絃罔非以敦倫為迪教之本蓋皆所以明人倫也孝弟忠信之理天下皆同自聖哲以迄昏庸皆有不容已於人倫之事子臣弟友之經古今不易自姬宗以迄子姒皆有不容已於明倫之條夫然則統以明倫而知教與所異矣風俗之澆漓雖甚而彝常日用此理恆不沒於人心先王知其理而皆以明之故國家育才早立不更之令典而黌修維切合諸鄉閭之樂育無非共此淵源亦可知庠序學

校。制有殊而教無殊也。遊鄉校之堂三代各區其目。聆大昕之鼓。三代悉同其風。賢聖君創建常新。要不外父子君臣。以立之準則。裁成之至意。不可約其大要哉。夫然則賦以明倫。而知教不容變矣。異端之煽惑。胥滌而名教綱常。此道恆自懸於天壤。先王舉其道而皆以明之。故成均選士。早垂不易之宏規。而援例以推。合諸鄉遂之化裁。無非同茲意義。亦可知夏后殷周。有異時而無異教也。讀三王之法。而言養言教言射。皆於倫事立其程。申視學之條。而尚忠尚質尚文。皆以講明綜其要。前後聖規模盡善。要惟此民彝物則。以大其範圍。累代之相沿不可掐其大旨哉。夫是以教明於上而化行於下也。

皆所以明人倫

邁倫集　張應垣

明倫無異旨當端其本於[illegible]焉夫人各有倫所以明之者鄉學與國學皆然也若上為人倫之首可不先盡其明乎且天下無倫理外人即天下無倫理外學而學之同此倫理者必先責聖人以盡倫蓋五常者立身之本故世殊而教不殊一人者起化之原故位大而德亦大其地無分於鄉國其事必始自朝廷所謂道無二致而化有由基也如庠序校異其名而學則共之者蓋三代盛王本身作則亦既飭紀而敦倫而又恐教之難普於大同也於是立國學以達其甚分鄉學以廣其教夫亦謂人倫之道上盡之要不獨上盡之也則其所以明之者可思矣時勢

有升降而倫則常遵讀虞典一書五典五敦夏先王實首承治統而由是殷因於夏周因於殷三代本同此法守也故叙倫稱洪範已開殷盤周誥之先聲事業有變更而倫則不易觀司徒一職六德六行周先王亦獨重綱常而豈知監於有夏監於有殷三代自共此淵源也則明德紀周書實本湯降禹敷之盛治倫之所以明三代不皆然哉今夫教不觀其合不足以為至變也而治不闕其先不足以為善治也蓋樂育有同原不過此臣弟友之經薫陶而蒸為國俗倘矜奇立異古人先闢門户之風則本原已失也而綏猷者維后亦祇此信義序別之事修省而作為典型倘勢迫權驅黼座徒事政刑之末則化理先乖也然則人倫之明不獨上盡之者要必自上啟之也有如人倫明

皆所以明人倫　張應垣

於上乎天秩天敘之經常昭今古所患者上未能作之則耳郅治之隆也倫見於校而教孝教忠之典欵矣倫行於序而當物及物之揖明矣倫著於庠而授几授杖之文明矣千古共由之理以一人不敝之精神行之而倫序紀修要不同讀法懸書之故事人紀人綱之重與聞聖愚所冀者有以立之型耳宸修之懋也苟能論秀書升而倫自明於校矣苟能比禮合樂而倫自明於序矣苟能養老引年而倫自明於庠矣萬物同歸之道以九重訪發之深衷體之而察倫明物早已端施行措正之大基人倫之明不誠合三代立學之意乎由是[illegible]行[illegible]下效[illegible]尊親之道見矣

皆雅言也

康熙癸巳 吳 襄

即雅言而總計之、無一之或遺也、夫夫子有不雅言者矣、乃若其皆雅言者而曾有一之或遺乎、此記者之所為志之也、謂夫吾黨於聖人之教而不能悉數而憶之。曰此皆其所習聞者則是敘者之三致意而學者之未深長思也。其負聖教亦已多矣乃今觀于（題氣便已逼出）詩書執禮而不覺予予所雅言者恍然其有會也。蓋予之言之者無一之有遺也。凡有切于日用焉。不得畧也。而吾黨之學之者亦無一之有遺也。得之于耳熟焉。故能詳也。蓋皆雅言也。夫當數人（原評小皆字）多識者也而何其皆日言之也。顧嘗退而思之苟其為言而可

盤旋飛動

詮此而略彼其必古人之緒論近而驗諸人倫日用之常而有切

此處不須入清高體一

有不切焉而予亦可以有言有不言也苟其無不切也者則亦孰

筆致高

不宜言也者而又安能擇于其中而一則不厭其複一則不嫌其

一筆然精

簡也而予則皆曰：言之矣夫豈更無異旨者也而何其皆人人與言之也顧嘗追而維之苟其為言而有可以不言又或可以罕言其必載籍之精意返而識諸躬行實踐之地而有益有不益焉

香奩

而予亦可以言可以罕言也苟其無不益也者則又孰不當言也

何其瀾翻

者而又胡能強為區別而或則言之不妨其數或則言之若以為

實字又

靳也而予則皆人人與言之矣第不知吾黨之人人聞者其嘗體

足對而使括滑開
之也耶其有一體之也耶其不可不皆體之也明矣夫是以于不
厭不倦之餘而心焉數之固皆洋洋乎其常存耳也固皆歷歷乎
逗醒也字
原評又飛到皆字外去却是著取皆字
其常在目也或他日亦更有遺經之傳乎抑止此乎抑不知吾黨
淺深
之聞而日日體者其皆得也耶其無一得也耶其不可不皆得之
也期矣夫是以于請業請益之暇而績而計之固皆在吾心而久
弗忘也固皆存吾心而久不懈也庶不至吾予有多言之悔乎而
原評皆字點了又起一波
可勿志乎若夫雅言之外有可得而聞者是即雅言之類也有不
可得而聞者又當求之雅言之外也吾今日之所記者則皆雅言
也

本朝小題文清華集　論語

雅言二字上文已說過。題神在一皆字。看他不粘上。不脫上處。處為皆字作波慈地。靈巧。徐諮孫

捻定皆字。并體會也字。操筆如飛。而靈空宵湫。須刻百折。信能翻水成文也。純夫姪云。日〻言之人〻言之。誰不解道。來獨翻得乃爾雋。一皆字遂極飛動之致。

皆雅言　吳

負耒耜而自宋　並耕而食　滙海集　鄭德璇

耕者誠於慕化惜終惑於並耕之説也夫負耒耜而之滕相慕滕之政初非許行比矣獨奈何棄其學而學者終惑於並耕之説乎且儒者之道與君相之道同初不在於耕不耕也乃有出疆而弗舍耕之器者歸心本見為誠心即有臨民而轉為耕之説者議政且敢於亂政始則慕於所聞而適之不適繼則惑於所聞而稱之不置夫亦以見道之未真爾不然相既為陳良之徒何以繼許行而記之哉誠以許行欲壞井田之法而創為並耕之説者也許行創並耕之説將以惑滕之行政者且並以惑聞夫滕之行政者然而相初不知滕之先有許行也不過與其

弟辛願為滕之氓而已自宋之滕蓋嘗負其耒耜云耒耜者何氓之物即耕之器也相之負耒耜而來得無借此以諷滕君乎而非也蓋相之初心固有一陳良之道在其意中其自宋之滕將以觀聖人之政而樂為聖人之氓聊與滕之民並耕而食耳於相乎何誅雖然吾終不能無誅於相也夫吾非誅其學陳良之道而兼負耒耜也韋布之有事田疇原非若廊廟之不親畎畝第相之負耒耜而來雖異夫為神農之言者借此以售並耕之說然使果能堅守其所學將滕君行聖人之政相必見滕君道陳良之言盡出其所學以翊佐賢君負舟楫而為臣可耶豈徒負耒耜而為氓乎而無如卒惑於並耕之說也悅非所悅棄非所棄斯即道非所道矣且夫並耕之說許行創之許行何不

自見孟子而道之而特假他人以行其言豈以負耒耜之陳相固熟知夫耕而得引為同類乎不知此固許行之狡也彼深恐一己之言不足以屈孟子因并使聞政而來者共悦夫一己之言而得以伸其並耕之說以許行之狡遇陳相之愚而為之稱道而弗置嗚呼相實未聞陳良之道耳安得謂滕君為未聞道哉不然並耕而食稍知愛民者不為而謂賢者為之乎

○○○孩提之童　二節

王邑尊季試　莆田一名　李金華

微愛敬之良、天下皆統于仁義中矣、蓋愛親敬兄、知能之良也、而達之天下、無不同焉、此所以為仁義乎、今夫人各有性、而性發為情、惟至情之微於家庭者、非由於矯強、斯性量之充於宇宙者、自見其大同也、知良知良能、何以驗之、吾試驗之、天下之人、人莫不有親、有親而不知愛之、天下必無是理、而謂愛親之心、有不出於性生乎、人莫不有兄、有兄而不知敬之、天下又無是理、而謂敬兄之心、有不本於性成乎、即如孩提之童、方在保抱之日、而眷戀不忘者、常瞻依於膝下焉、則孺慕色笑、無非仁之所呈露、而及其長

精確　原辭要言不煩何等老到　即挈出天下　經透仁義得手

也甫離襁褓之年而肅慎自將者常必先其尊長焉則有隨隅坐即為義之所推行是則親親敬長雖若一人之私而為仁為義實全天下之理其故豈有他哉蓋惟秉彝之性各具于有生之初故理明詞暢舉凡為孩提稍長者無不有知愛知敬之良而推之四海而皆準放諸六合而皆同亦惟質氣之儔各倫乎降衷之理故舉凡為愛無不二字在末句中點出妙親敬兄者無不在於孩提稍長之時而太和之氣遍于寰區大順之風周乎薄海而有不達之天下也乎乃知天下雖大而愛敬實原評後勁用兩章意泛顯義最精當握其樞道至邇而事甚易王者均平之化由是而成仁義至廣而愛敬能全其實事吾親而從吾兄天下萬化之原由是而肇一人之

有良知良能者○其亦知之否耶○

不用斧痕鑿跡體製天成風行水上拍拍成章 業師叔渭仙

上節無不二字即是達之天下註自明文于起處直挈天下最得中間透過仁義不另起頭以後發揮末句融貫全題字字精確格律純似陶董深于文者辨之 內兄林次蘇

鎔鑄兩節不費爐錘而沉着刻摯都從至性流出所謂仁義之人其言藹如也 宋兼三

渾金璞玉之質黃鍾大呂之音李鄴侯服披一品骨抱九仙豈容偕下攀躋 朱燕受

孩提之童

元和孫邑尊科試　獲取二名　葉士模

為不學慮者溯初生、固人所共歷之境也、夫人孰無孩提時者、以孩提之童、而亦以學慮責之乎、此可想厥初耳、今夫物生必蒙、、

注仁字人

之、為言穉也、此殆如萌芽、啓人且望而生憐者乎、主全僅有具

上衛人字伯大共言本節統孩提說起自須典

而養正尚無功、故不必遽謂之人、且欲目之為童者、夫固謂人必

之　剔之清

始于童、皆當溯其始、以作此想耳、不然、夫豈不知有孩提之童也

橫穿而下自有波瀾

良知良能、何以言之、今夫天地開發、育新合之妙、嫗伏孚鷇卵育

拍轉

胎生類不能齊者、形不能別化化生生、其甫出之狀乎、而豈知生

漢書對戴記

人之受氣成形、此景此象、亦且宛然在目、方春和時、草木萃生之

物勾出萌達中折天喬品不可窮者數不可紀孳孳息息其方動之機乎而孰知生人之積形肖物此時此境令我悠然在心夫不有孩提之童耶渾然者其形耳形于何所依孩提正似傷焉而未

他肖其親在

發耳夫衽席起居時時動可憐之色對斯童也諜其安焉足矣而況號而不嘆視而不瞋在孩提亦祇自牽其本來之情態者雖屬

高○消○得○集○

嚬笑且不測其機先乎塊然者其意耳意于何所屬孩提復似寐者而未覺耳夫出入帷房一一試誠求之術撫斯童也幸無恙焉難矣至于鎮不能鼓色不能接在孩提豈不欲快其自有之形神

○莊○刻○老○

○寫○拔○字○隽○

乎無如官骸且憑人為運動也、是故置諸腹曰嬰兒嬰者謂其大無所擬也當其呱呱者方悲而未休嘻嘻者忽喜而旋起試一（尚書對）想而應不鮮其何謂則夫咳而名之固猶不失為赤子候于門曰稚子（說苑）稚者謂其猶多所滯也當其襁負之而意欲何往攜持之而意欲何歸縱一入井而亦徒傷其非罪則夫撫而守之（國語對禮記）豈堪即成（左）為大夫（對孟）塗之矢桑之弧因其始生所有事顧民數雖登天府僅逾八月而生齒寢則牀弄則璋異其遠到須為期乃寢興猶然乳轂（論語對周禮）不過三年免於懷不屬童年豈貴童心猶有技雖蹤跡不辨而不（刱對孟）嫌于幼譬若蠢孩應原孩無尚有故雖步趨莫識而弗誓其愚孰知其愛親之知固已有然乎

語；有關會字；有來歷。經營慘澹。無一筆掉以輕心。頎奐　一

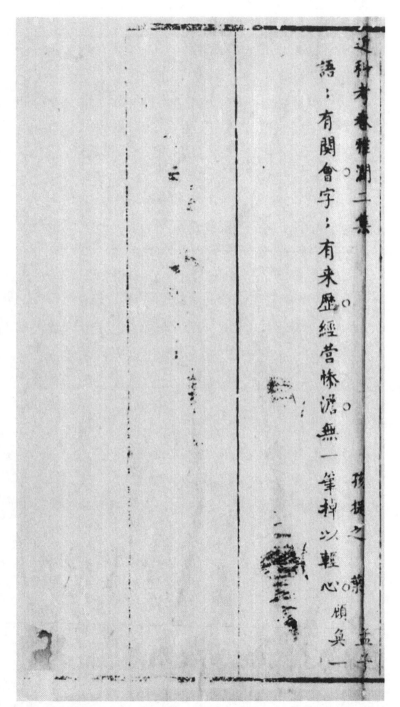

孩提之童　二句（孟子）　顧建昌

孩提之童　二句

江蘇張學院科一名　顧建昌
嘉定縣學五名

觀愛于孩提而愛親有同心矣夫孩提之童寧有學慮乎而愛親
之心有同然者此即知能之良也今夫人未有不愛其親者也而
或者曰是由于學而知愛也是由于慮而能愛也夫愛親而果由
于學慮則即謂非知能之良可矣無已則試徵諸不學不慮之孩
提之童孝係于天經地義為生人之所不可離而卒不聞有舉而（根不）
（學慮猶清上四字）
認之撫育顧復之時者以其意之未可通也而至情寔有諸中不
必有意而自流孝詳于曲禮內則為小學之所不可缺獨未聞有
豫而啟之能言食食之先者以其時之有所待也而真意固結于

内則無所待而自形試即其所謂孩者觀之亦子之容笑恒為人
所喜覩而或從而誘之有啓而不形或形而不暢者矣父母之于（原評按切孩提分疏語語逼真）
子也豈必常示以歡豫而暫焉不見則睽接而色為欣無久與為
歡則相悦而特為快然彼焉知愉色婉容之當如是耶愛之達乎（批亦無不知體貼）
顏者何其摯也試即所謂提者觀之孺子之相依恒為人所樂愛
而或從而引之有避而不就或就而不安者矣父母之于子也亦
時或憚其勞苦而存神人之懷而父母過其旁則必欲令此而就（原評寫到妙處切定愛字）
彼在父母之懷而他人接于側則必欲令彼而就此彼焉知屬毛
離裏之本如是耶愛之動于體者何其真也

富貴珍袖去後斷貲

（反照不學慮）

爲貽爰之具必周謂是有以致其愛也今觀貧賤之子口腹尚虞

（以文言通俗情原許一字一珠）

不給矣而乳哺屬諸他人忽若遺忘不能悃寢息置之從所必袪

終夜不得寧其思慕之切無時而易也則是顧豈不以增慮綣不

以遂者母孩提之心也聖賢端本于生初其爲胎教之設已久謂

（無不字亦不成欲摘讀）

是有以養其愛也今觀庸俗之家女卿斜無與襁矣而聲音乍起

即諸二人之稱謂拂怒錯加不留暫精之然其依戀之致無日

而孩也則是聖人不得動凡人不能舉者以愛親之良也謂予不

信請自思之

平生所嬌兒顏色白勝雪見耶背面啼垢膩腳不襪生還對童

雖似欲忘飢渴問事體挽翦誅能即填喝古人之所謂情真也

若此綮然不學應下意不惟情真兼得理至故為尤難

第二十五冊　卷七十五

耕也餒在　四句　丁卯　殷兆燕

抉不謀食之故、即耕可以證學也、夫食之得不得、不關於謀不謀、即耕證學、而君子不謀食之故以明、令夫人之營營於利祿也、以

承謀食、朱脉真

謀為有益乎、以謀為無益乎、顧既營營於利祿矣、則必謂弗慮胡獲矣、且必謂稍縱即逝矣、而孰知以為有益而謀者未必得也、知

五夜鐘声

其無益而得者、又不待謀也、乎君子之不謀食、曷故哉、是非謂俗

逆推側鈎既踞悉以鼓點亦痿硬飛

所饒趨我、故却之也、使却之而竟為我所却、則饒之者不可謂有

通神

失策矣、及一觀夫勞勞者、而空自勞勞、知事難強致、此際無容搃

足也、亦非謂人所樂鶩、我姑遠之以使遠之、而終為我所遠、則鶩

之者實乃捺夫勝算矣及一視夫祿〻者而徒減祿〻知事在邇（氣味深美）
然此內無須力耕也則且借視予耕也則且實驗予學也事莫不（樹義流透）
期於見功而収其功之事每不在用其功之事夫農之力於耕亦
曰必如此始稱乃職也及職之既稱而又無濟則其所力為計者（突兀）（大士筆徑）
果安在乎古今來之不計功者惟學耳學道而有如未見其心也（曲：撓跌無美不搜）
體道而若將終身其境也此復何關人事而養尊處優之人倫若（回撲耕字精趣遊然）
挾一異數以市吾道之来光彼負来者得無有相視而莫解者乎（妙、）
然亦竟不待解矣人莫不期其有效而收其效之人不必為期其
效之人夫耕之盡於農亦曰今而後無虞乎望也及望之既切而

又惟虛則其所厚為國者果安在乎天壤間之務國利者惟學試

（用○力○耕○甘○下○乃○）

單營可以不欺其情也天下可以勿顧其勢也此亦何求於世而

（神○來○筆○上○　更○妙○）

推賢讓能之主辭若取一長物以供學人所不好彼作苦者得無

有謂其不然者乎而已無怪其然矣蓋餒在其中矣祿在其中矣

（二○比○按○讀○綫○續○美○妙○潤○陌）

吾見其相應者之甚疾焉耕未穫而餒之機已伏學方成而祿之

（妙○）

券已據數不中稽也夫物亦惟疾黠者謀不見藏不謀不見積耳

（筆○如○轉○環○）

一通一齋分頭以迎餓而失之於意中又餓而得之于意外恍如

理有不爽而動則多迍而物情擾擾猶謂食可力奪也則厚忘耆

豈遂無能餒爾口也哉吾見其相謀者之又甚曲焉耕不與餒謀

而餒若巧爲附學未與祿攜而祿乃漸爲繁幾有養轉也夫物亦惟曲社考謀亦無界不謀亦無傷耳一逆一順反情以應失之者非閒智術得之者不待巧營直似各有而奈而移而相就而欲念慊慊猶謂食宜計取也則終脩著豈遂終於將若廢也哉然而甚

憂則專有在矣

正貌排者得餒看出學所得條理來而機趣亦因之餘出心手發源華如游龍方城而後乃有替人　蔡芳三

將兩也字矣字細味百回祈看令看俱成妙諦泰華夜夢[illegible]清鐘此境豈人間所有　吳[illegible]巖

泰山之於　行潦　李祖惠

莫不同於山水也、而大小亦可例觀矣、夫泰山河海、高深之境絕矣、頑極之邱垤行潦、謂必不可同日而道乎、昔吾夫子登東及岱（山至望下意）而萬古盡在盱衡（不如不涉）一時遊其門者先河後海而群言胥歸體要然則不知聖者請觀山水而山水之在天壤亦非竟從其傑者為說也夫素王徵瑞而鳳杳如制作文成而麟莫識然則其羽吾知其為飛仁其趾吾知其為走而況天地之間時者流者高高下下所在皆滿生依聖人之里日瞻泰岱雄居聯東海之郛適際濁河之委頑不能一一衆而一一嘆之亦雖然泰山吾固知其為山也（琢句五彩頓類義門）

河海吾固知其為水之將以攀寵一之奇攬歸墟之勝豈特呀然

奇思壯濶開合盡勝

窪然無足掛人齒頰龜蒙鳧繹皆塿也江淮漢濟猶杯勺也有

中含類字

泰山河海而天下皆邱垤行潦可矣將欲摹聳峙之形繪渟泓之意何必名山大川始足相追騶鬣卷石之多猶屢儷也一勺之微仍奔注也有泰山河海亦不極之邱垤行潦而不止矣是故非泰

排奡

山無以測河海之窮非河海莫與窺泰山之峻出雲見怪鱗鳳之

氣勢　壯思鑄刻妙義精深

輝煌於郛藪也然而為河海言高邱垤猶將哂之為泰山言深行潦猶或呵之視公視侯要難憑其尊以相驪耳雅行潦為能稱邱

出性詩

垤之卑惟邱垤尚足資行潦之潤濟石寸波飛走之相命於叢薄

也然而丘垤或仰裨泰山之崇而必無以下同於行潦行潦或朝宗河海之大而斷無以自致於丘垤寸壤細流正難緣其近以相冐耳然則由泰山而下之第不得至于行潦耳苟其視行潦為高者其距泰山不遠則丘垤是也由河海而下之第不得漫言丘垤耳苟其視丘垤為深即其距河海不遠則行潦是也類也

奇頌百六 妙

流峙各一類較飛走又為不類之類窺此秘以運機杼故合說分配說又交互說無不極妍盡態 沈羅朱

氣紛鬱盤風調奇挺感以如鱗[illegible]焉如鑄 張廷槐識

泰山之於　二句　　周學健

山水有連及之勢不必高深之獨著也夫高莫泰山若深莫河海（為之於二字着筆即汲取題字）若要不謂山水絶是也有與相際者山海固不為嫵已且靜而翕（高處起議）者或得以崎動而闢者或得以流二者皆麗于地而不齊之勢出焉盖自大塊之既積而一廾一降峙與流遂各馮以新其形而来（蓬蓬然而起）有已矣今夫山其磅礴鬱積而突如卷如千兩間者南條北條不知凡幾有水焉其泓泓演漾而浩然沛然于九垓者東流西流抑又無幾其間岳有宗谷有神以為天生使獨也誰敢班焉有决（現定聖人用意并觀全下）起者凡逶迤然驚將謂直趨五岳因之而震蕩于坳堂之上也不（奇趣横溢）

八家制藝雅宗

天下之大觀而彼且奚為也（鵬與南冥水擊九千）況好異者咸窃窃然疑之謂泰山
之在鴻濛也猶卷石之在巖也河海之在扶輿也猶杯水之在江
也方存乎見少而又何多為（寄情古致）雖然莫謂弗多也有丘垤在泰山固（又接得妙不測出落非人意）
已尊相臨矣（思所到）有行潦在河海固已渺相屬矣措一塵而日之曰泰
山泰山弗見也乃積塵而在巍巍之勢立而學山不至者遂群匯而（之於二字喫緊不斷）
相避若謂土壤何得妄附哉泰山要不許已沾餘瀝而耳測曰河
海河海不有也乃聚瀝而浩蕩之形存而望洋自失者遂競走而
窃嘆若謂細流何堪窺彼涯哉河海當不受已矣兩尊者必抗勢（古節點宕）
相敵也兩京者不下形相捋也昔者泰山與河海爭王一曰吾飄（切子家之真更却清古文）

大字問與天機相乘

壘以實彼溝壑餘此幾莫足較一曰吾泯滙以蕩彼培塿外此將

藕斷絲聯

不屑齒不謂有丘垤之萃而起也巔相隨麓相接巍峛而崺與

高〻者迭與後先而莫攖孰意行潦之悄而來也坎則習盈則流

措取之於二字者雋與渦

涓〻之涘竟與淵洄者分馳左右而莫愧夫西北多山嶽與岱匹

沉下此者敢自抗于凌霄之勢然有無始以來山非加少卒不闢

不絕不得半而已得全神

獨櫑青葱也故丘垤雖微仍然竊附與終古而東南多水誰與埒

氣格而潔

量寧隘此者弗見笑于大方之家然有星源而下水即加溢要不

聞獨絕衆流也即行潦之末依然分此東隅矣析泰山天下皆

成丘垤分河海天下皆為行〻故山之高卑不廢焉水誠大小不

棄焉勢之殊也何妨殊也形之異也胡不異也夫亦泰山之于丘垤而已矣河海之于行潦而已矣

一氣鼓鑄恰好照

出全題

從之於二字着筆海市山樓縹緲雲際虛情實景吾不從有以辯之　裘景濂

奇情衍與幻象摩空力為之於二字闢道開疆蒙莊見此故應把臂

泰山之於丘垤

馮雲會

論聖者更欲之山而高卑可並舉矣夫泰山高矣丘垤卑矣而論聖者乃並舉之豈無說哉且世有聖人出則麟游于囿鳳儀于廷此固有道之休徵也然物呈其瑞者止效其靈故詳麟鳳者遡及之崇卑備在望不遺卑賤亦猶言麟之不遺乎獸與言鳳之不遺乎鳥也云爾夫天下之山多矣其載在職方者安可勝數而惟茫衆山之宗五嶽爲尊五嶽之中泰山爲最聞從吾夫子偶一登焉北望燕趙城郭之參差猶培塿也南望吳楚湘澤之澈猶襟帶也西極三晉而崤函失其險東眺滄溟而琅邪失其雄未有不喟然歎曰天下之大觀

盡于是矣則一言泰山而天下之山皆知為山矣夫奚有于丘垤哉

又就泰山丘垤說得大題懸心深作挽入於之勢

即曰泰山不讓土壤故能成其高然而〻〻山自高也丘垤自卑也泰山不必與丘垤比而高者自高况冒泰山于丘垤之中而高者益形其為高丘垤不必與泰山比而卑者自卑况儕丘垤于泰山之前而卑者愈見其為卑雖然謂泰山不高耶夫安有泰山而不高者謂丘垤不卑耶夫安有丘垤而不卑者乎泰山高矣而高于丘垤者不能

轉合　二比又從上比翻進一層與入并餘有

六小比承發之於題

駢于丘垤丘垤卑矣而卑于泰山者勢自附于泰山古今來非泰山則丘垤無主古今來非丘垤則泰山不尊是故有丘垤所以顯泰山而非丘垤且無以成泰山抑有泰山所以統丘垤而非泰山且無以

安丘垤于是乎為丘垤者方浪然不敢與泰山較而為泰山者莫能
然與丘垤親故雖高者高不可及卑者卑而可踰而直可連而及之
恰○好○是○出○全○題○
曰泰山之於丘垤

前一段单提泰山極贊其高峻出丘垤次二比就泰山丘垤兩相
比擬說得高卑大相懸絕總為之於二字翻論作勢中間轉正疊
寫泰山丘垤兩ゝ相依完發之於二字之神大開大闔勢高華說
一氣奔注如順風颿帆頃刻千里應試之文最利此種○題有要
緊字眼而文中卻不能醒出者須細ゝ想討出神情如此題之於
一字是也文中並不一見然于點變處ゝ之讀此可悟

貢者校數　為常　文組集　章錫金

歲無常而貢有常校之而中始見矣蓋歲之豐歉不同校之而得其中也酌以為常夏之所以作貢者如此嘗思夏書以禹貢冠其篇而則壤成賦之法於是起設九州之等繁以錯十三載之作統於同論者幾疑賦統之無常[illegible][illegible]不知綜地理以見高下之宜而地有常者法無常酌天時以定盈虛之準而天無常者法有常溯安邑之遺規猶可見姒王之創制焉試詳夏之貢法弼服者五千矣納銍納秸四海發輸將焉惟參損益以持平天子如載司徒之版而家三人家二人家一人各視其差作乂者萬邦矣青黎黃壤九土獻膏腴焉惟準有無以統計王者如

被均入之書而用三田用二田用一田不懲於審蓋取民之制
惟其中而已矣不以數歲相校無可折中也夏則有分以校之
者有合以校之者今夫制度之懸昭不分以析之則不著而分
之之道在因地試思濟河惟兗海岱惟青淮海惟揚關要荒侯
甸之遙而由是上中者一州中上者一州下上者一州高阜燥
溼庶土不齊東西經而南北[illegible]圖有詳辨之而得其中者也此
分以校之之說也而紀綱之數布非合以鑿之則不精而合之
之道在因天試思一曰新田二曰舊田三曰畬田統鳥火昴虛
之度而概以人四鬴為上人三鬴為中人二鬴為下歲易作訛
犀歸一致卯酉穊而子午旱更有總核之而酌其中者也此合
以校之之說也而貢法乃以是為常焉聽其自至而不責其不

來曰致貢任其所有而不強其所無曰作貢數者不必有常而任者不可無常也不限以一歲之例恐頭會箕斂後世必將有高下在心者矣就數歲之中以相校而道曰允執厥中貢亦惟事擧其中直欲與和鈞關石永垂五子之歌食貨賓師並衍九疇之紀縣師以歲徵野賦而車牛貢於邱乘廛人以歲數邦用而穀粟貢於井田兵賦可暫不可常而田賦宜常不宜變也不律以一定之程恐此絀彼贏胥吏必將有上下其手者矣就數歲之校以得中而謨曰彰厥有常貢亦惟時見陳常直欲與禹甸曾孫共列南山之什澤田緯耒同垂小正之書其初意何嘗不善哉

素貧賤行乎貧賤

湖南阮宗師歲試武陵三名　陳長鈞

貧賤有適如乎位者行不以貧賤異也夫人而貧賤亦其素之適然也貧賤在而位與俱在矣不可繼素富貴者側觀哉且境遇何常安所盡擇豐豫而處之夫有豐必有嗇處約之道倍難於處順彼拂意之適遭於吾徒者既不必出之於意外而何妨安之於分内也君子之素位而行既於富貴見其側矣又有貧賤之位在貧則不富賤則不貴境之累情之適也因貧賤而疑君子將錮燥絃彈虎兕之什矣是必盡肆所奉以待賢豪恐貧賤中之君子不毀是心也貧必求富賤必求貴嗜之深機之淺也因君子以疑貧賤

嗟屬噓啼悲以泣流

遯之途而早取貧賤以自勵若其窮所遭會至人交謫并不乇也門之章矣吾不知何以有貧賤而君子獨終其身又何以有君子而貧賤遂失其柄道若潛藉此貧賤以玉汝英流而隱為挽也河干之淪漣可咏歷困奚庸杖杜之飲食堪思盤飧猶末則其素之

陶次洞豈吉盡至不干

行乎貧賤者我自樂此有安境而已矣試即貧賤之位而類推焉歷山可泣移衾不艷於躬耕莘野何求畎畒相輕乎幣聘況此下

行乎不得不行趙地

之貧賤者也姑無論理竟何如數竟何如而奚以喜者亦奚以悲

追別

是知行乎貧賤之特操為不苟耳試即貧賤之位而更進焉求直以腴食德以飽荷蓧而成山澤之癯握缶為嘯歠菽為歡負耒吾

將謂衡門無嘯歌之趣矣是必盡舉儒流以授鼎養恐君子之於貧賤更不作是想也我觀君子又見其素貧賤行乎貧賤焉方其匡居諷詠樂我天懿道義之氣所為環生於蓬蓽也夫君子久已內泯夫人世愁苦之狀而若聽貧賤以自終當其適然而然季女斯飢獨坐此婉孌之美矣吾不知何以於貧賤而獨多君子亦何以於君子而獨多貧賤天若特設此貧賤以位置賢才而莫與爭也金石出於蓬廬歌聲絕韵簞瓢悠然陋巷樂味方長則其素之行於貧賤者不容何病有貞遇而已矣彼其抱膝優游慰我今宸澹泊之懷所為點賞其寧靜也夫君子亦未嘗不愽觀於人世挪

長歌浩天風寫濤一時競奏

方不是高歟枯瘠甲裏語

行字簡定

忌鼎鍾之祿斯亦其工於貧賤者也及至今豈遂困哉豈遂殆哉
（正字尤奇）
而節之苦者亦節之甘是知行乎貧賤之定力為不擾耳是則感
（不是借步行者个巳身在）
不過而有賦者亦未審窮則獨善之真撫末路以自悲者尤貴勵
遁世無悶之隱世之素貧賤者其進求君子貧賤之行矣

異采堅光韻流簡外原評

此題三遯愈出愈奇屈宋之鄉可稱騷國顧有此等雋才唱唱督學使者屈簪摸索真神相遇於尺幅之間人自得於湖山千里之外矣　鄧太初

素貧賤　陳

連上能侗說來看他只一筆倒入本題子法敏妙起比渾提大意直從源頭發端不但說理有本而引証亦眉目分明

素貧賤行　句

董斯張

就貧賤觀君子亦素行之一位也夫君子豈長貧賤者而當其素不能貧賤位而富貴行矣今夫否泰之機遞承乎世運而窮通兩位天且為君子互立矣使能富貴不能貧賤曷足以見君子君子曰貧賤在天地間曠矣忽然而得我焉是有命貧賤之天而能無率貧賤之道我在天地間亦曠矣忽然而得貧賤焉是一日有貧賤之時即一日有貧賤之中以龍德之

另以易孟作正講與治人篇章法同。以下四比運用本色。前疎後密工麗天然。前二比正位後二比推廣其一筆信手雜湊成佳

在躬而見而躍而飛豈異人任乃素則循居潛焉當潛而潛確乎勿用而已矣以大成之已集若仕若久若速孰不宜之乃素則未離止焉宜止而止樂在其中而已矣視貧賤為倘行安得措躬於不忍永矢勿饞永矢勿過吾不敢離貧賤也視貧賤為飲食安能諼味於鮮知自埋於民自藏於畔吾不敢悔貧賤也妻子可合兄弟可翕父母可順貧賤中之天地萬物也行焉而天下之樂不存唐虞可樂夏殷可微文武

（夾注：襯入不枯　離倚界以內外分股破原本隱惟　虛接　强对）

素字行字上下公共。前後各一点已足

可學貧賤中之祖述憲章也行焉而大人之事已將意此適中貧賤境也然非君子孰能行之安貧樂道隨處適用必如此方是中庸文字然化之法與治人篇同而丘以起脫此以工整初學得其性之所近樝梨橘柚各有其美矣

素富貴行乎富貴　　秦擴

即富貴以觀君子而素位之學在是矣夫不必富貴而始言位也然富其富貴即素其富貴之位而行矣斯誠君子之學乎中庸若謂天下有一境焉莫不皇然求之而惟恐不獲及夫身當其境而又不能盡量乎其中則是未聞君子之道也吾觀素位而行之君子其所為位者豈必待富貴哉然所以行其素者豈必避富貴之位哉一苟欲如富貴則必有慕富貴之心是不知有素者也而君子豈其然苟欲蹤富貴則必有輕富貴之心是不知素之當行者也而君子豈其然決富貴而固有之未足以觀君子也使為固有之富貴雖未嘗非素而

（便切富貴不泛　粘不移）

（注目富貴生意一字移下三句不得不搜挑剔富貴字面而切切）

（相生得歸一層）

其為素也猶易見於古之君子或鄉辭草茅而驟加以富貴而此加
之之時已為其素矣但覺從容就理若行其所固然而無瞻顧旁皇
之患蓋今之素已殊于昔則行于昔者不可復行于今也趨無負乎
富貴焉耳富貴而常稱之亦未足以觀君子也使為常有之富貴躬
未嘗不行其素而其為行也猶無難於古之君子或素其富貴而靈
擬之他人而當其未擬之時則猶然當行之素也故必周詳委曲以
盡其所當然而無苟且因循之弊蓋後之素不必如今而宜行于今
者不可留其行于後也必無歉乎富貴焉耳然則觀乎君子凡求富
其[illegible]然得之者彼謂無愧于富貴而吾必謂其有愧也何則當其未

行[illegible]之先已舍其素而馳情于富貴則不能行于彼者豈能行乎此乎君子惟以不以富貴之心行其富貴之素故其行之也爲甚裕且觀于君子凡處富貴而思守之者縱能求盡于富貴而吾不謂其能盡也何則使其一失富貴之後必舍其素不追憶其富貴是不能行于彼者豈能行于此乎君子雖行其富貴之素原不存一富貴于中故其行之也爲甚裕可進而概觀之

只寫大意而字上精切無義不舉于題理尤爲細入也　蔣王度

腴上泪空翻然移向別句不得文氣流轉變化可謂驅遣疾于遜陽

素富貴行乎富貴　　曾遂良　佑賢

境處於順者不宜負其貴也夫富貴非泛然以相加也則君子之素
此者行之使不負焉可矣嘗謂境遇不一而坦途獨適於人情乃甯
竭蹶以營之者而頤力或屈於無益益矣而夙夜圖維巧計愈深於
無已非其所為坦途者尚搖搖於莫必也彼其驚頑難安之情與其
躊躇滿志之行亦幾幾乎憂勤惕厲若有迫之而起者而不知曷已
負乎其位而誤於其術也吾言君子素位而行夫位莫安於富貴亦
莫危於富貴也情欲之動未有不於其相感處紛華之地而失志寧
靜必不相入之勢矣而君子究未聞其都厚實之來而偏務名高則

知豐亨豫大造物固無心以厚植賢者而亦未嘗以酖毒痡流德行之立隨地而異其防閑處順安之時而秉心乾惕忖為久遠之慮也而君子究未聞其秉崇高之來而專籌得失則知持盈守滿聖賢固無心以圖安樂而亦未嘗任運以快無事蓋素富貴行乎富貴耳人之於富貴樂其尊榮而已君子之於富貴有大不得已焉者天與人歸列聖係之以危微時至事起萬民寄之以水火吾所懼者執中無傳曆數適以增典謨之陋厥功不定征誅徒以啓三代之凶至於情典庸禮創制顯庸不無更張以動斯民之耳目要惟大聖人乘時有為以振天下之聾聵而登於文明則君子之富貴彌大而學問彌純

也豈安動者哉人之於富貴享其順適而已君子之於富貴有遺大
損艱焉者貞元會合君民貴之以唐虞公孤同寅陰陽待之以燮理
吾所懼者處士虛聲徵聘徒以虛朝廷之望齟齬因循策免何以塞
災異之徵至於安不忘危存不忘亡不無多事以待運會之遷流要
惟聖人席豐履厚以著天命之靡常而深於戒懼則君子之富貴彌
重而志氣彌篤也豈宴安者哉雖平陂往復君子不能以一日之持
循而支乎百年之天道而平與復非無自而乘其基其往與陂必有
自而開其隙君子之行於富貴中者亦止此通行之義類而盈而能
返則履所自始樂所由成舉當前之優游無非前日之窮迫而所以

處富貴之道已盡矣雖利鈍成敗君子不能以一己之修為而爭乎天下之多端而利與成天不必盡居其功其鈍與敗人何從而雜其咎君子之行於富貴中者亦僅祈為鬼神所共鑒而非常之府如音能發之音必能收之舉後來之因乘無非今日之綢繆而所以立富貴之義已宏矣蓋富貴有時動以立功君子不敢怠焉以失機事之宜富貴有時靜以守正君子不敢貪焉以招悔吝之集素位行矣而未已也。

此題為中等人說法恐其游移籠統為下等人說法恐其膚淺陳腐文靠實發揮擺脫時蹊落想深人數層舉筆高人數等精理名言可法可傳直是前無古後無今文字豈特壓倒羣英而已　總

遴驅未揭曉時評

國子監□ 少司 趙熊□
成考一名

恭而安

自心而見為恭□□□者也夫恭不本於心即有意為恭而不安
之若夫子則誠恭者哉今夫安而行之者聖人也其焉
乎者遇□而任天以行無不有坦然自適之致顧聖人之生平常抑
抑□□以自下者或疑夫坦然者至此亦稍稍異也乃吾黨侍夫子
□又覺甚遠人意矣方其見為溫也可近而不可狎者足以消人
易之心而抑知聖人先自居於不慢也蓋溫之中又有恭也方其
見為威也可畏而仍可親者足以斂人驕亢之氣而抑知聖人先自
居於不驕也蓋威之中又有恭也則見其舉止肅然而其風采亦復

然其持行視聽深然而其周旋動容亦復泰然吾黨又從而想像而子之恭也子之恭而安也無時而不和敬者聖人之所以立心道而若夏懼之方來省身而如尤悔之但集夫安得而不恭然哉意者於矜持而既慎其儀復防其失即儀頌間已不勝其震動不寧之象寫觀若雖改容以接而未必不憚其勞勞也至吾夫子而敬之所形然無拘從容之度矣抑無事而不中禮者聖人之所以應物服命居處有必莖應對有必憂失烏得而不恭然或有心于操而高則疑亢卑一室間已不勝其指視交迫之累有道雖[illegible]焉則然而終未嘗忘其勉勉也至吾夫子而禮之所宜者不必

優游之、必矣。有曠達之士、簡棄禮法、動以脫略相高、彼几自謂可（是安而不恭）
安也、而聖人以為嘻。苦有惰而不恭者、即無惰而可安、亦不容一
以為安則未也。不得其安矣。莊敬日強、達如亦性初之素。
和陶而斂斂也、然。故夫尚謙之儒、拘牽繩墨、恒以蕩檢為憂、彼固（此是恭而不安）
求安也、而聖人心焉即休、若強制而未安者、即貌恭而非恭也。
不安斯所以為恭、則惟安而益全其為恭矣。凡赤舄無改乎言笑、
帶亦何往而不自得也哉。是故恭者禮之節也、恭而安者樂之和
也、夫子者禮樂中和之極也。

朱子云恭字是主安是帶說、又云恭而安如何學得成、安便不恭。

恭便不安應箇從力不得此文中股透發恭字轉出安來後幅兩
路相形翻出恭而安正面總題體切發題深至極有工夫文字

恭敬之心　二句（孟子）　孫　勷

恭敬之心　二句　　孫　勷

人心之皆有恭敬知收慢者非本心矣夫人下人之敢慢者鮮不疑其無恭敬之心夫以豈人所獨無者哉且天地文明之氣顯於宣暢（從禮字○謝出恭敬）之會而冥根于收歛之時是以人秉天地之氣以生未有求爲宣暢而不知所以自爲收歛者則所謂恭敬之心是也人徒見夫人之卷意以將而虛憍之形若有所不克持者則以爲是人也始天之生是使歛也人人見夫人之惰氣持浮而疎略之節若有所不可矯者則又以爲是人也卑抑然有以自下乎並必若所云則是恭敬之心人或（只八○是○三○性○）有無之者也自我論之豈其然哉人之有恭敬之心也蓋即其惻然

分義則有四省觀論謝上蔡一條見根上二條看得皆有本色

有所不恐者而令出之而以不敢成其不恐若父子立之屬是已

是太妙

而舜此檮之苟有惻隱之心即必有恭敬之心且人之有恭敬之心

也又即其惡然有所不安者而徐形之而以不安見為不敢若君尊

臣卑之稱是已而因是類之苟有羞惡之心安得無恭敬之心吾觀

內才精清皆有收攝更精

人有前倨而後恭者或病其折節之在今忽改其恣情之在昔而不

知昔之恣情者非無心也人亦有貌敬而心肆者或責其中藏之無

實不知貌之恭存而不知貌之虔存者猶本心也然則堯舜之兢業

湯之聖敬日躋文王之徽柔懿恭武王之盤盂几杖皆有銘焉凡今

之人皆有是心而已矣

凡排比句中獨摘一句命題須用上文陪說亦不可移動此定法也○難於理路允愜耳○補試關州一生○借其全未見及故、筆此示之○

自記

元、統四德○而貞以成終而成始○故四端去其一則非性也○不安不忍○根上仁義渾然天成○所謂理路允愜者○陪說之法○蓋誘始學○

恭敬之心

孫

甚矣

雍正癸卯　翁運標

聖人驗之一身、而竊歎其已甚焉、夫〻子而竟如是其甚矣乎、存未甚之心為己甚之身其能無歎哉以為正也存甚不得已之念而值甚難措置之時此正之皇〻也抱甚欲有為之心而成甚不可堪之境則正之戚〻也童焉而陳俎豆幼甚也長焉而歷遨遊

如此發端甚字

緯有根柢

壯甚也曾日月之幾何而乃易其始之所為甚者別有一己甚之情形初試而為委吏能甚也再試而掌乘田勇甚也曾時序之幾何而乃反乎前之所為甚者更成一最甚之景象周旋於詩書琴

對定衷字下語

瑟之旁而果者如是藐者如是二三子不聞謂余甚也一撫衷自

問而始覺丌之為丌也殊甚徃來于父母兄弟之國而迎者有人
名者有人諸交遊未嘗嬿余甚也一顧影自維而乃媿丌之為丌
縫昇坊
也實甚莫甚于匡之圖莫甚于宋之厄然考之遇合遭逢之際則
步：滿八正面
悲其甚而返之精神意氣之間初不覺其甚也迄於今而猶為未
甚欲莫甚于鳳之隱莫甚于麟之見然觀諸氣數運會之徵則嗟
其甚而察諸寤寐隱微之地似未極其甚也至于斯而尚云未甚
欤有扶危之責者當于未甚之先預防其甚而勿使束手茲何如
四下韻繁正面仍復空：兒
哉忌丌者惟恐丌之不甚而丌已若是其甚矣愛丌者深懼丌之
或甚而丌竟若是其甚矣有濟困之權者或於既甚之餘目覩其

甚而聊為摅腕然何益哉用丌者濡滯以待丌之甚而丌漸如是

一彈丸三數　原許壹道不

其甚矣舍丌者廢置以聽丌之甚而丌忽如是其甚矣甚而在朝

行意都含在裡許

者蔑視前人之成憲而典則云亡此君相之過甚也君相之甚猶

可言而丌之甚不可言也甚而在野者罔知先代之遺徽而流屋

極敝此國俗之殆甚也國俗之甚或可挽而丌之甚不可挽也身

大珠小珠落玉盤

外之功名未就不已甚乎至意中之光景更殊抑又甚矣在人之

應之者不克自主不既甚乎并在己之感之者不能自由則愈甚

矣嗚呼吾之壯也猶不如人而衰之甚矣復何望哉

連用數十箇甚字不見架屋疊床此如徐熙畫落梅無一瓣一

朶平複也。邵秉心

○爲衰字畫影正位不犯。特善烘託。例以先輩信乎等篇。層層起

意。步步凌虛。而此更慷慨弩。伊吳字餘音未寂。領珠來

甚矣

翁

起予者商也

能起聖人之意者聖人之所深契也夫禮後之見子言之所含而未發者耳得商以起之能勿深契之哉意謂師弟之相與授受也啓發之益望之學者乎抑望之教者乎然有時教者之所未及繼得學者開之而愈出苟吾黨卒無相長之機則雖終日周旋在學者不無日為之致而歎予我何補也乎今幸矣商有禮後之悟矣商聞詩以時而即有一禮之見存於我予知其與有也夫亦不過說詩以論也而商胡忽有觸也予後素之說審與禮有關也裝予知其不相謀也夫亦不過就問以答也而商頗別有領也而乎何會心之遠乎其給

起予者乎予不知何以日與商周旋而怨之也今而知吾怨商而商（起予甚要元）
不吾怨也何也吾所怨者而商不怨也商不怨而吾因以不怨矣不（惡之甚○怨○懟○求之甚）
怨而予宜怨商乎洵可望求如是之神于吾者殊寥寥不多覯也
吾不知何以日與及門相砥勵而患乎商也今而知吾患商而商亦
予哉以可患也何也吾所患者而商不患也商不患而吾因以不患
矣不患而吾寧患商乎環顧吾黨能知是之最于吾者何幸竟有其（奇○患○妙○論）
人也無翕而不闢者天道而人心之理則靜也而寔補乎動之機也（再○跌○妙○）
然非有起之者而動于何端焉夫起則其發方翕也而忽已闢也所（往○遠矣）
爲迎其機以遵之引而出乎深之者乎如商則可謂迎予之機矣而

海闊天空

予心為之一動矣天地之奮變何窮從此皆商之借境也哉無復而不通者采類而學人之心則寂也而寔具乎感之緒也然非有起之

跳脫渾雄其致淋漓

者而感丁何始為矣起則其憤若後也而忽已通也所為觸其緒以長之且相動十無既者乎如商則可謂觸吾之緒矣而予心已條焉而感矣古今之義蘊雖深從此皆商之發端也哉與之言詩其亦可矣

文心清澈如調素琴於江上後二比更為拓出奇境往復可行令人想見神来

趙仙　上論　起予者

起予者商也

胡德球　一名

嘉賢者之善悟、發聖心所未發也、蓋起之機、悟之引也、以起予嘉
商、非以其發所未發乎、嘗思名理以甸薄而始呈、性靈以相觸而
愈出、久矣、夫啟發之裨人深也、而不謂近得之吾徒也、夫指示所（神致翛然）
加、僅即境而晰其故、而引伸所及、早困境而闢其新、所謂解人不
當如是耶、一如予云、後素商節通其說于禮、商也真善悟哉、曲藝何
嘗精微乃一遇、尊適直窺也、下尺高之蘊、覺出商之意中、適出予（引通高渾、有花能帶莊之妙）
之意外、而機緘畢貫、嘗前之相睨靡涯、一末技第相比類、乃一經題
悟直通聖作、明述之精、覺商也、天倪徐引、予已夙見、晉指而意趣

環生此際之相深莫罄予商進矣予因商亦進矣後素之說予詔商也禮後之悟商助予也起予者商也領受無實得雖往復更端必不能剏生一解起之云者太所受而即有所生也符契在古今納牖若鬼神之告鳶魚涵方寸中懷得杼柚之工商其卓有定得哉（千來脉方不解不粘）名物之煩賾皆得以後素例也宛轉關生之妙商洵先得我心耳濬發少靈識纖般勤辨難偏覺其格不相入起之云者見其入而不見其格也聰明有獨異不啻擴我以未聞見地有獨超轉似導吾以先路商其獨具靈機哉理道之淵微皆將作禮後觀也引人入勝之餘予初念不到此耳在商也恂恂自飭初何嘗獨炫其才

思乃郎予訓迪撥厥融通予情不知何以一往而深也理無必不可通之境惟會心之感觸自見無方而精思畢剖一破尋常授受之規郎予也惓惓吾徒實學望其深于會悟乃郎商英敏引予繹思予心不知何以悠然獨契也事無或可執視之機惟睿慮之潛通自無滯礙而觸類徵參平分一堂教學之益商具特達之識誠哉其可列風雅之林矣

揮毫圓健其氣味醇

思力摶結局度渾雅含剛健于婀娜制科正則也　陳宗唐

遙情奕奕逸興翩翩如王夷甫手揮玉麈時望之若神仙中人

校人烹之

違大夫之命者其心恐矣夫校人承子產之使不畜之而亨[illegible]

之饋生魚者非饋子產也饋校人今不亦恐哉嘗考虞舜已事而[illegible]

嘆人情之不可測也完廩之後瞍焚之浚井之（即就正贊作影則）謨象盡之皆不[illegible]其

生之也夫父之于子弟之于兄且不欲其生又何論于物之所愛乎

然則昔者校人之事可述矣方子產之使校人以畜魚也魚畜矣不

以佐甘旨之味而獲蒙再造之仁今而後得水中矣魚生矣不久

充大庖之盈而獲親沼沚之樂今而後遇諸水濱矣校人于此從

丈之令也且誦大夫之慈魚而有知亦子產之慈[illegible]校[illegible]

而熟意之死而致生之者子產也之生而致死之於校人也矣烹之
矣其心曰大夫何吝于魚而有是言也迂哉大夫也不見夫以涿之（代字訣）
游者寔繁于池乎多一魚不覺其增少一魚不覺其減矣爲敢不定
抑魚何與于大夫而有是畜也予之計決矣不見夫漣波而逐流者
充牣其中乎與其輳之淸波而畜于池何如聚之釜鬵而畜于腹矣
爲而不烹居恒臨淵與羨每思舉網得魚今則不必有魚網之得也（又從平時說起）
饋者自饋烹者自烹取何便也且吾儕第嘗小人之食矣未食君之
遺今波及小吏知惟君之惠也喝爲畜之險是烹之計何?矣
小人都常恐其傷惠而生魚則自饋泳也懸而不斷之火之?何饋

愛人者常恐其傷廉而兹亦傷一爲之也欲取不貪於我乎亦悲無

校人烹之以意也然而校人有喜焉有發焉何喜乎爾徘徊以□□

以快口腹之需在乎苟藉知生魚之然而知校人之樂其樂也是以

喜也何憂乎爾幸獲務羞或不能逃大夫之鑒則是以畜魚而邀其

利者又以烹魚而蒙其譴也是以憂也雖然子產能料生不能料死

也有反命之言在

舉擬小人伎倆靈心慧舌涉筆成趣其滑稽乎文者耶

校人烹

□訓一貫錄

校人烹之　史大成

物不集於生情之難測也夫畜而為烹魚之生烏可必乎使人盡如
校人寓之可喜者亦鮮矣嘗觀聖人無死地如舜之脫於廩与井之
也雖然我以傲弟之所以殺兄終未極其致耳天下之故生不勝殺
矣俄頃間變遷有萬安知旋而喜者不旋而為憂也乎如校人之烹
魚是已當其以生魚命畜自予產而言之今日而生一物明日而生
一物凡見有可主者輒生之所以植萬物之命者必多抑此一人而
好生彼一人而亦好生凡有所以生者靡不生之所以普育物之仁
者自廣孰意人心不同一生魚也池之畜竟為釜之游也乎魚之
生固亦無幾當觀之時生機已盡矣就令忽而生之亦忽而殺何足

為魚惜然而以大夫之命行大夫之慈而仍不能保一魚也此可惜
也畜之為命亦曰偶然當命之順寄愛亦微矣就令此之所生者由
之所殺何足為人尤然而以左右之人體仁者之意而曾不獲全一
魚也能無尤也夫一定者壽夭豈無寄生之物自朝而不能延於夕
者乎乃魚已蒙生而仍無生理則是生殺之機倏轉於呼吸間者難
造物亦難以自必有如斯矣抑無別者靈蠢豈無嗜殺之人肆意而
昔之蒞飴者乎乃人先已死其心而物遂不能生其命則是存亡之
數忽濟於頃刻間者即明智且莫能自信又如斯矣嗚呼小人皆才
仁所以萬物難全其命君子有不智所以小人得肆其欺然則象之
汝舜即校人之寔魚可例觀也

校人烹之　至　食之　評點照金丹二集選本

范學院科入莆田縣學七名　宋兆元

以烹爲畜者而即以食自誇焉夫魚既烹之矣安所得圉圉洋洋攸然而逝者乎而尚得以其既食者爲智者之累耶且甚哉小人之動其殺機而巧於謀食也一物也〔原評：縮合首尾〕始之行其忍繼之文其詐而其終也益自矜爲得計而反誚有識者之墜其術中而不悟如子產所命畜魚之校人是已夫當子產之受生魚也不命之庖人而命之校人乎產蓋不忍烹而食之而使魚得以遂其生也子產雖智亦豈料生魚者之即以死魚也耶而不謂校人竟烹之矣嗟乎魚至于烹魚之疾所甚矣而安所見其圉圉然者而安所見其洋洋然者而安所見其

攸然而逝然者然而校人之心（轉筆靈緊）則以為于產智者也吾必極其得水之狀而始可以逃于智者之鑑吾必極其失水而乍得水之狀而始可以掩于智者之前聆其反命數語就令校人不烹而畜之也其情其事亦復何加于此哉而不謂校人竟烹而食之矣夫魚為未烹之魚則當其舍之之時固宜有此游泳之樂魚為已烹之魚則當其食之之後亦安所得俯仰之適然則魚之生也特生于校人之口而不知其已果校人之腹矣子產雖智亦能料生而必不能料死也（原評借來恰好）又安得以既烹而食之魚而為子產之智累哉夫以一時之辯而濟其貪以得行其奸而誇其術生魚之狀而飾為魚之情而且詡詡然出而

言曰孰謂子產智嗟乎夫孰謂子產之不智哉何也以方而來君子固有時而為所欺者矣寧獨校人也乎哉

上下鎔成一片勢如常山之蛇擊首尾應擊尾首應擊中則首尾皆應也李惠時

校人烹

寫足四面題　中一截不漏

承上啟下作手

校人烹之　所哉　徵有改竄　　尚彤庭

無是魚而有生魚之狀。大夫猶有學幸焉。夫魚已烹矣。何得所之。

是亦然。自校人狀之。則猶然生魚也。子產之喜之也固宜。今夫至

彼著小人之術也。而至學者賢大夫之心也。故物不止于小人之（上○七○截）

手者。猶生于小人之口。而生于小人之口者。亦遂生于賢大夫之（中○截）（下○截）

心。一如子產之以畜魚命校人可覩已。想魚也。來自水濱。其失所不（○何○以○情○想○界）（○思○不○二）

知幾何時矣。自大夫曰畜之。而魚之生可知也。自校人為畜之

之命。而魚之生又未可知也。吾意斯時校人。竟烹之。深恨復命

之難。將欲不烹。難免食指之動。未幾而久。一遂矣。校

本朝歷科小題□卷　下孟

銳于產意中慕想一番會下文方字也上寫未照得所以集

于反命語中表慕字種妙絕

詮得所字之反命語始與下文方字有

本朝歷科小題□鈔　下注

人之腹維魚之所矣而子產此時之心□為是魚也當之死之生之際而得一放命者不惜一□一投足之勞而委之清波意必困于其始暢于其繼而攸然泳游乎身然也乎居無何而烹魚者來矣反命曰始舍之圉圉焉子產若伸為之動曰少則洋洋焉子產若意為之移又曰攸然而逝而子產乃不覺其鱍然喜躍然興也若曰吾固知魚之必圉圉于其始也而今果然吾固知魚之必洋洋于其繼也而今果然吾固知魚之必攸然而逝于其終也而今果然得其所哉得其所哉何使無此一畜而魚之就烹已久矣子誠何樂焉非子善承吾命而欲以狀其情形難

矣爾寔與有功焉嗟乎天下之不可料如校人者固比比然哉不
謂子產愚而校人智也

絶不呆疏惟會下文方字摹寫遂覺處處玲瓏字字靈醒
張聳有

校人　尚

五

校人烹之

壬辰　徐葆光

觀校人之烹魚、而魚無倖生矣、夫子產惟烹魚不忍、故使畜之卜、而烹之者願不慮其傷惠人之心耶、且當日魚之饋也、烹固其所〇批一〇烹〇字〇寫〇快〇〇無匹〇也〇子產乃不忍其死〇而〇以〇畜〇為〇烹〇不意校人乃不欲其生〇而〇以〇烹〇為〇畜〇然則子產之畜之也〇毋乃避以烹之耶〇方魚之饋子產也〇不〇料〇其〇生〇而〇忽〇有〇生〇之〇機〇及〇畜〇之〇使〇校〇人〇也〇焉〇知〇其〇死〇而〇反置死之〇觸〇手〇傷〇靈〇地〇一〇時〇昔〇之〇魚〇吾〇為〇政〇頃〇將〇縱〇之〇大〇壑〇而〇今〇日〇之〇烹〇吾〇為〇政〇忽〇欲〇擠〇之〇釜〇中〇斯時也〇子產行其仁〇而校人受其賜〇子產之庖久虛〇而忝叅〇人之欲已饜〇其烹之者〇始即以為畜也乎〇獨是校人為沼沚之司〇

則須首華尾皆可以供口腹乃校人曰豈其食魚而必為臨淵之（取題外景畫題中意）
羨耶不求而獲轉筴結網之勞矣且校人為隸役之微則河鯉可（寫對工妙）
飫或無由供匕箸乃校人曰魚吾所欲不既為釜鬵之飛耶式食（妙意會出不窮）
厭殘毋待枯肆之索矣然則幸而子產受之耳假令以風譬避嫌
則賢相卻饋東里之門且聞彈鋏之聲抑亦幸而子產畜之耳假
令以採鮮不給則宰夫進飧退食之餘且來染指之事噫同一烹
也出之子產為列鼎之常而出之校人有越俎之異焉同一魚也
大夫視之不過小鮮而小人視之不啻大烹焉是以指動于末餚
之先腹果于既烹之後畜者尚以為漏網之魚烹者已儼若代庖

所治暖乎彼得魚輒舍者大宰不以大夫之愛乎而校人忍矣

渲染襯篳妙有雋思故落筆成趣不嫌堆垛

校人烹　　徐

第二十五冊　卷七十五

校人烹之　　馮謙

窮小人之貪掩大夫之仁矣夫烹魚其常也當子産之魚而必烹之校人何其貪乎從來小人之情無在而不動殺機也不惟至性之中有曲害之者即愛物之下即有陰賊之者大抵小人至欲不欲其所殺反欲殺其所生此情何可逆料也即如子產畜魚之校人畏之在乎產畜之卞可付之庖人而反忌活之沼人其心惠而校人愛之自當遊之沼沚豈可溉之釜鬵其意貪乎是而竟烹之校計之矣以為魚委其身于饞者彼自任怨我且任德魚殊其命于小人未必知魚焉能知生魚果有知垂死而置之生乎且陽感大夫之仁可免

清畫軒稿　　孟子

而置之死魚更陰服小人之義魚亦有命一魚而欲生之魚必窮狡

大夫之愚一魚而能死之魚亦當服小人之智貞有小人不可告也

者矣在大夫受其名而小人終其寔自有小人可不必有玄者矣顧

以小人之腹為君子之心者也止有一生魚也衲日而有饋者方

吳門動當絡大蔭知矣

無羨彼臨淵一華也遽付之小人也倘今日而不値小人不幾與北溝

網夫是以隱然意之也此校人也陰謀成桂後為口腹之奉奸乂

物遂民飲食之人一魚耳頭受其生于大夫隱縱其死于大夫校人

出只常絕倫

何其愍也一生魚耳入校人之手而死小校人之口而生校人人仁

其狡也校人將無以反命而校人竟有以反命

寄思焉論顏發艷流有明朗處最之韋書

殺人集　選

馮焉拜稿

孟子

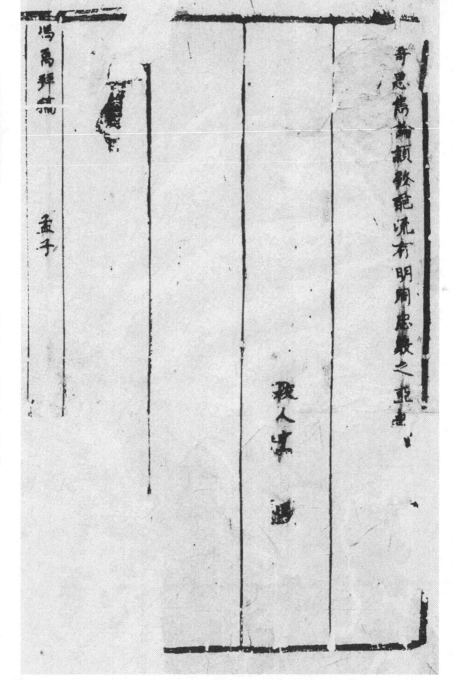

校人烹之　　錢春明

物有托絲於生者。見小民之貪焉。夫魚即可烹。不宜出自校人也。畜池之謂何。而因以為利。且小人之情。往往不好生而好殺。故即一鱗之微。而殺機動焉。夫物亦何足深惜。獨異夫望其生之而反以殺之。則其偽也實甚矣。畜池之使。曰此固校人事耳。則將應之曰。大夫以生魚致。而假手於我小人。小人敢或不共令。惟是問諸水濱。使之有生之樂。無死之憂。庶克稱大夫之盛心也。乃校人計不出此。以為南有嘉魚。人方烝然罩矣。況乎其不待罩也。而故釋之。有是理耶。匪鱣匪鮪。且患逃於淵也。茲幸而無可逃矣。而反縱之。有是情耶。且夫池

立括。情說起。襯。甚

鬻司也留心潤渚之秀人雖羨魚莫敢逝梁而發笱焉魚之於我庶（[illegible]從校人）
也（生情）久矣何妨利此一魚乎賤吏也家居講食之暇苟數無魚時或於
沼而於沚焉魚之（絕倒）果我腹也屢矣又何惜此一魚烹之哉庖人不治
庖何不越俎而代之乎烹之哉魚在於沼（笑殺迂腐）亦匪克樂何如釜鬵漑之
乎向也鼎養之隆大夫自奉之（人說大夫饋者生情）我安望於此今幸為我加一餐也維
旨維時頒受大夫之賜而不必有其名向也庭實之陳饋者自主之
我安與於此今轉令我分十羹也擊鮮烹肥陰食饋者之恩而慕曲
知其迹則莫謂予恐也魚本無情安有自生之望在魚則殺之而不
（美自解脫）
慾在予實利之而不言抑莫謂予貪也今即不烹終有烹之一日與

其留異時不急之供何如為目前不貴之惠今而後惟望圭典之饋源源而來庶幾大夫不棄今我得常常而美則予之大快也雖然予且復命大夫

校檜百出闡發初學多少聰明其機法縧聯尤宜把玩也聊一註之

校人烹　錢

校以教之 夏曰校　小題約選　史應蘭

舉校而庠序可該焉溯其所自起焉夫校固與庠之養序之射同以教之也溯校之所自起能不進考之夏乎且司徒掌邦教而鄉校無專官即以鄉老與鄉大夫董其事說者謂校不獨夏行也顧不獨夏行者設教必重夫三物斷自夏始者創制特隆於一王以校合論之而其義各殊也亦以校首論之而其名可溯矣庠序皆鄉學夫上庠下庠之始於虞無殊東序西序之垂於夏也則由虞以監於有夏言庠序正不必復言校乎然而與庠序並設者更有校在校有校之制由庠以升序由序以升校校之制倍密於庠序焉顧制有異而教無異也以養為教聖功

裕其基以射為教藝事居其一則所以垂教者為至精校有校之地合庠以設序合序以設校校之地倍大於庠序焉顧地不一而教則一也教之以養洗腆以盡齒教之以射正鵠可反身則所以立教者為大備令夫校有通乎庠序而為設教所同者有别乎庠序而為一王所獨者蓋祭醻行乎校校兼乎養校即可概庠賢能興乎校校兼乎射校即可概序推之元日朝庠養也而射寓焉屬民飲序射也而養寓焉校固通乎庠序也無非為教所推暨也然校音近斆迴殊乎庠之祥校初不以養名校意取較迴殊乎序之豫校亦不以射著推之養老乞言庠且不同於序焉習射觀德序且不同於庠焉校固别乎庠序也能不溯校所自起也蓋夏曰校云讀書而鮮鮮方奏不聞與敬數五

教同學於司空。似夏固詳於養而畧於教。然而大禹陳謨。正德先於利用。則夏之所以曰校者。總師時有實證矣。而教孝教忠之典。無不昭。稽史而后羿名官。未聞與教。胄直溫兼任於典樂。似夏固先夫射而後夫教。然而武王訪範。彝叙即以錫疇。則夏之所以曰校者。奕世下有明徵矣。而身教言教之端。無不盡。夏曰校。非別於庠序而同以教之者乎。至曰庠曰序。稽之殷周尤信。

崇論閎議油然經籍之光

校者敎也　　觀海集　林國賡

繹校所由名其義專主於敎也夫校之與敎同出一聲故同出一意也繼庠而繹之不曉然校之所由名乎且說命言斆學半說者謂斆而居學之半似非校所能盡其名也故敎非校所獨據則敎推於遠均其義而難會其聲而敎與校適相蒙則敎出以專昧其聲而遂得其義是豈謂校以外卽不足言敎乎但以設校之初有必借敎之聲以立義者而敎遂若爲校所據云爾庠之訓養固已然興養尤不可不興敎也則且卽校以進繹之謂校有考校之義視學焉而其義尚偏謂校有不校之心可犯焉而其旨未暢而紬維夫校所由立夫豈可謂拘文牽義不必繼江工河可而進核其

形聲謂校有取於校人何以牧畜而克當其號謂校有取於荷校何以用刑而能據其名而紬繹乎校所從來夫孰不當援義尋聲一為即軍樂燎勞而深求其訓詁審若是校果何所取乎今夫校之音近於爻而有從此爻聲者則教之字由是而生也校之聲通於教而教有所從肴者則教之義又因此而著也以云校者謂非從教得義乎周禮之校與學記之斆其字若出一聲茲之校與教似於聲而微分清濁矣然校之讀傚正不必強教之讀傚而無不可概以聲之濁也王制之校與大學之教其字又同一音茲之校與教似於音而畧分高下矣然教之讀較又不必強校之讀較而無不可定以音之下也教與鷮同聲載諸車舝教與傚叶韻詠諸角弓若校之為校於鷮傚果有合乎而何不可合也誠即校以細

味之將見修道謂之敎有校而道愈尊明誠謂之敎有校而誠益
是雖鄉校欲毁古意或欺凌逸而第按夫聲韻之微要無不可
竹然而得其意也所以校之聲轉爲陶釋以敎而薰陶莫外校之
聲近爲斁釋以敎而崇致彌盼敎與憭並叶義著抑詩敎與藻齊
歌音諧沖水若校之爲校於憭藻果同部乎而何莫非同也誠由
校以遞繹之將見設敎者亦有校而虛無之敎不得熾敎學者
相長有校而門户之敎不得閑是雖鄭校歌詩子衿或譏廢墜而
一按夫音韻之妙要無不可默然而探其旨也所以校之諧聲爲
交訓以敎而交養得其意校之借音爲覺辨以敎而先覺得其文
試更觀之序。

校者教也　長沙縣學壹等　陳明曦

更明設校之義知教有專屬矣夫教不專於校而校之義固有獨重也明其為教校豈虛設哉且聖王化導斯民之意無在不見其流通而義之最著明者尤莫切於斯民相習之地非隘也民有耳目聞見熟則近而易從民有性情觀感深則久而自悟里黨萃處之餘實以廣朝廷作人之化蓋嘗紬繹焉而知名有取乎考核者義實通夫勸懲也庠之義既取夫養矣而校何取哉明堂脩敎孝之儀豈不足示斯民以標準而勢既阻於遐邈則風聲或有所未周非專其地以習之恐鄉閭散處未能相觀而善也以此知校之設其事為最便也樂正崇進士之典豈不

足登斯民於秀良而居既囿於偏隅則誥誡亦難以偏及非分其職以董之恐草野僻陋未能相與有成也以此知校之設其道可眾著也校者教也校之義通乎較人材之優絀兩相較而賞鑒無淆然而習舞釋菜上丁之講習非虛讀法懸書四時之詔勉罔懈入宮牆而鼓篋其較焉而智愚立判者皆其教焉而栽成罔外者也校之音近於效良吏之楷模交相效而轉移有自然而主之者鄉大夫六德且兼乎六藝居之者鄉君子小成亦期以大成進貢來以橫經其效焉而進取忘初者即其教焉而薰陶有術者也古者黨庠家塾中年有考校之文顧名以校而其地非虛何如釋以教而其義更實也跂歟自安於樸愚養於初則喬野之習自祝耕耨日習於勞苦修以暇則孝弟之心

自生顓蒙之質澤以禮樂詩書教之所以從乎文也今即休風已遠矣而緬厥宏謨不可知嘉名之所由錫哉古者論秀書升司馬有比校之法顧泛言校而其義未明何如切言教而其理共喻也密邇之地朝夕以遊則執業每精於所聚廣衆之區觀摩有漸則見異不至於或遷溫飽之民諭以論學取友校之所爲從乎交也今即純化難幾矣而撫懷古制不可思遺俗之所由隆哉試進言乎序

切定鄉學立論故無教字泛語

校者教也　殷曰序　　邁倫集　陳觀圻

繼庠而釋鄉學之義於夏殷溯其名焉夫校取教序取射無異庠之取乎養也追溯其命名之始夏與殷不可歷見哉且自兩階舉而德教隆凡闡式而禮射設休哉人才之蔚起兩朝稱極盛矣若乃溯取義於膠宮足徵尚德尚功之意而考命名於古聖如歷建寅建丑之朝化育宏焉揖讓興焉其創制於前王者猶隱然見子姒之遺規焉庠之言養既為行助者釋之矣然吾思數土之告成也胡為東漸西被有畢乎景山之既宅也胡為論秀書升有必舉今即杞宋難徵而燦立於州閭鄉黨間者其義猶隱隱可思也取而繹之則校之言教序之言射是先王知雅化之不可一日替也

崇四術而齊八政使人浸漬於仁讓之風讀法懸書陰以寓防僞防淫之用迄於今平成雖邈而致州長黨正之遺規如見其執中以錫極也取乎教者不僅聲之諧也先王知爭競之不可啟也歌貍首而詠騶虞使人雍容於澤宮之地内正外直顯以示比禮比樂之文迄於今景亳屢遷而揖登降周旋之遺制如見其表正而旁求也取乎射者不第音之叶也校序之可知者如此而吾為之思絃歌化洽之休吾為之思禮讓風行之治吾竊因敎中敎和之盛而穆然於九功惟叙之時吾竊因燕射賓射之儀而悠然於一德旁敷之世化澤之覃與習儀並重考前朝之制作尚忠尚質悉悟源流漸摩之治與觀德同昭稽前聖之章程或造或因胥關創制獨不思校序之昉自夏殷乎且夫隨刋未奏以前夏先王幾不

勝勞矣幾載輴樏何暇以上德崇賢爲閭里廣施其懲勸幸而艱難既定播聲教於九區而校之名由是創焉校之制於學合四序課爲學之功校之旨與較通中年有考較之義慕古者緬想祗台德化猶令人低徊里塾竊舉夏先王立校之至意循名以核而一思安邑之隆規且夫共球未集之年殷先王日不暇給矣頻年攻取亦何暇以威儀節奏爲閭閻廣淑其身心幸而俶造迭興肄射儀於當日而序之名由是昭焉序之模與榭同其制有恒而無室序之意與欽近其列得所而有常嗜古者抗懷天亶聰明猶令人俯仰遺徽竊舉殷先王立序之深心顧名以思而一溯亳都之矩制曰校曰序原其名即可思其義也而庠則何如

校者教也　曰校　　古歙堂　程佑孫

更釋校與序之義夏制可先驗矣夫校取乎教教射在其中教養亦在其中矣夏制不已可考與嘗思古之為國者文教既宣而武功亦奮固不獨養民有政見夏后之隆規也蓋正德更兼觀德子弟益知尚齒之風用才首重儲才唐虞猶缺命名之典雖曰文德誕敷亦有干羽之舞而徵典則於王府正足探致治之原焉庠之為養固矣然吾考養老之典虞以燕禮而夏則以饗禮虞以深衣而夏則以燕衣其制雖殊孰非教以知敬教以知讓哉夫然而鄉學之名校者可思矣閭閻起化之區宜不尚爭而尚讓名之曰校似不免較量勝負之心焉而取義正不在

此也三老五更既序賢而隆以飲饌而秋冬春夏或未諳詩書禮樂之文則德性不優登進何以有俊秀愚賤觀型之地宜不重武而重文名之曰校似不免計校強弱之意焉而取義亦不在此也諸兄諸父既序齒而進以珍饈而選業收威或未嫻鼓篋夏楚之用則性情難化閭里何以多善良吾得而釋之曰校者敎也且夫校取於敎則是所以立敎者不獨醻酒豆肉敎之知讓將所謂比禮比樂者必敎於是矣不獨介壽祝年敎之知敬將所謂志正體直者亦敎於是矣顧吾思有夏之興也養國老於東序養庶老於西序其敎養有不必在庠而序亦有不必敎[illegible]者然則立敎之始殆無一定之地歟且無一定之名歟而不知非也蓋夏則曰校也夏承帝運之終其時揖讓相傳四海

不勝歌功之志苟利用厚生興養未能興教將鄉閭之內必且
踰君鶂臣鶂父鶂子鶂之防也惟設教以示範圍則人之來遊
者俱抑然有從教之念故風徽雖渺而考成規於安邑猶可按
其主名及開王運之始其時征誅未啟九州共仰明德之休苟
樹穀播種養民未能教民將鄉曲之間必罔識中律中度中矩
中規之節也惟設教以昭董勸則人之入學者乃欣然有受教
之思故風會雖遙而溯遺制於姒王猶可詳其意義謂之曰校
豈徒作貢之始於夏乎至於殷序之教射以及周庠之教養校
皆足以該之矣人倫之明其以此夫
卷軸紛披思議層出六轡在手一塵不驚

校者教也 曰校　程佑孫

捆屨

新刪集　毛松年

即屨以視異端、若於捆見其異焉、夫屨微物也、捆屨細事也、而許行之徒、顧相與致其勤懷者、執業不已異哉、且自赤烏增碩膚之輝、珠屨紀三千之盛、自來賢豪立國、未嘗不即屨以昭其度也、乃欽大雅之儀、方覺觀瞻之頓肅、而念細人之事、偏若鉤總之惟勤、則當此予手拮据、覺羸縢方辭跋涉之勞、亦曳履不憚經營之苦也、許子之徒數十、所衣固皆褐矣、既辭藍縷之邦、來遊東國、則當夫公門請謁、在許子應防乎踐屨趨履之愆、問執業之何如、當不僅寄情於簷上、未列冠裳之地、迥異名卿、則當茲受教維殷、在其徒諒諸乎遷屨納屨之節、念圖謀之有在、

當不等率業於於陵而何意竟以捆屨特聞夫服屨命屨王朝
之等級攸分向使會際風雲得顯鴻儀於上國則恩隆錫屨將
羣欽勢分之尊矣而何有於捆屨功屨散屨周官之職守維嚴
向使才高制作克傳駿業於千秋將倒屨以迎且與仰英賢之
望矣而何暇於捆屨從來安貧之子每覺納屨之甚難茲之托
業於屨也或即以示其窮與不然胡紛紛然於居肆者竟不辭
結束之勞也矯俗之流每視豪華為敝蹝茲之肆業於屨也或
即此以傳其意與不然胡糾糾於屨霜者竟習為專門之業也
得毋謂屨及窒皇楚子曾誇戰勝之勇而因以惟屨是圖者示
滕君以講武之策耶而非也蓋執業必有專司覺謀人足以竭
圖維此際自勤其束縛抑毋謂屨賤踊貴晏子曾箴齊罰之繁

而因以惟捆是務者示滕君以省刑之意與而非也蓋擇術不嫌微賤則合人己以勤造作此時自致其綢繆南山之屨何以淫東山之屨何以因誦詩者感懷國政若於屨增慨嘆之情而彼不暇計也但以一屨雖微有可即此以示異者則雖執業以求精諒不至貽譏於為費負耶以亡屨而亂稱孝以取屨而興讀史者念切時艱若於屨動盛衰之感而彼則何心也但以屨之相似有若逞能之較易者則合同堂而共勵何妨聊效乎共雖合之織席不誠為異端乎

明清科考墨卷集

第二十五冊　卷七十五

夏曰校殷曰序

清雋集　徐梅生

考鄉學於夏殷名以義起也夫夏揖讓殷征誅宜乎禮教修禮射設矣一曰校一曰序謂非名以義起乎且揖讓之局終於夏征誅之局始於殷幾謂雅化昌明未必肇端於二代矣抑知禮教修而閭閻觀德讓遊鄉校者如親玉帛於塗山禮射設而里巷息貫感登州序者恍接冠裳於景亳撫遺規而思遡造覺監於有夏監於有殷迄今猶得命名所自焉校言教序言射義既別於養矣則試援教射之義以核校序之名德行道藝之條典謨所缺一言校而不推原其始創則先王立教之精意無以宣諸後世寖假必視為具文秋冬胡以教羽籥春夏胡以教干戈乎故址以考芳稱爲禁

神住於錫鑾告成之日志正體直之訓誥誓所無一言序而不直溯其由來則先王習射之精心更難白諸後人至此每疑為虛設升降胡以觀威儀容節胡以比禮樂緬隆規而思雅號局禁睪然於視禽闢綱之輒蓋頁則曰校即入學考校之義也祇欽之德教方行似無煩別創宏規始澤一世以詩書之氣抑知神宗受命更欲舉帝廷禮讓化及窮鄉此蓋自鼓旌之設鞀鐸之懸所鄭重經營而成之者也名之曰校而校已千古矣若殷則曰序即序賓以賢之義也聖教之芳徽既立似不必別垂鉅制始登百族於遜讓之途抑知帝命式圍尤欲戢天下兵爭薰為善俗此又自仲虺陳書阿衡作誥所輔相栽成而有之者也名之曰序而序亦千古矣令而知校序之名前古所未創也上世文明未啟狉獉渾噩祇優

游於淡泊之天即中天文字初闢而寬栗直溫徒言教胄弦弧剡
矢莫紀射侯至夏有校名殷有序名是亦禹鼎湯盤深心所寄託
也雖當日舞兩階之干羽夏之校可以序稱變萬國之風慾殷之
序可以校著而主名各異要難以鄉之有校州之有序忘其世次
而不知後先建立之規模益以知校序之名今日所當遵也末世
達成風城闕子衿誰約束於禮義之庠即宗國聖人崛起而泮
教澤徒悵飛鴞鄉射禮文祇除費草若夏名以校殷名以序則
謨湯誥聖化所長留也雖令日毀校議於鄭鄉禹甸幾湮其
序訛於學記商書復闕其文而稱謂猶存要難以校有左右
東西沒其從來而不識周革咸宜之典則進觀周庠

夏日校

科考湘陰縣學一等　湛宗和

原校所由名。徵於夏而教宜急矣。夫校之義固有所取。而其名實肇於夏焉。夏之行此。非以教為先務哉。且自司徒有命。敷五教者肇自虞廷。未嘗不嘆有夏以前。日彬彬然文教之盛矣。抑知天秩有庸。總師猶率陳常之舊。而民彝攸叙。造士實秉正德之規。一鄉之風化。即以一代之制作相維持。迄今溯其命名之由。猶恍然見夏廷之籌畫焉。如校之設。固有取於教矣。夫校何昉哉。洪荒甫闢。以還風俗猶安於喬野。至粒食咸登。運會已啟文明之漸。而聖人創垂盡善。轉覺於禹貢成書。小正紀令之外別有經綸。則所以維風俗者。至周也。洚洞未平之世。人心尚習夫艱鮮至水患既息逸居實開淫縱之機而聖人裁制因時且欲於洪範衍疇適人振鐸之餘更隆化導則所以挽人心者至切也爰稽其制校之名其自有夏始乎其時明良一德都俞吁咈之風慶泰交者已昭其極盛而準此意以立校則交之道隆焉勞來在君相我自盡輔相之權規諫在官師人自獲觀摩之助董休戒威觀於校而為善者交相勸勉蓋以此誌一時之際遇而即以此陶百族之性情也已其時神聖相傳精一執中之統規戒效者時切夫祇承而推此意以名校則效之義著焉紹心傳於二帝先天下而正其趨建皇極於一人合天下而端其則聲律身度觀於校而訓行者知所效法蓋以此追唐虞之盛軌而留以此樹侯甸之先聲也已謂庠教之壁託何窮設校於

鄉人疑其近於隘不知作人之量既公理自推之彌廣而創宏規一旦亦足樹國家楨幹之林故雖有窮奸命而武羅伯英奇傑猶挺生於草野知校之維持國脈者深也今即時代幾更矣而入校而懷明德不猶見揆文之雅化也哉謂典則之留貽至遠設校於鄉或疑其涉於偏不知養士之典既重道固無所不包而垂成憲於來茲即足為子孫繼承之式故雖夏祚淩夷而鴻房終古賢豪猶間出於鄉閭知校之培植人材者厚也今即文獻無徵矣而遊校而知行政不猶仰龢後之遺模也哉合觀殷周建學之名而知先王之敎民皆所以復其恒心也

議論明達筆亦圓暢

夏后氏五十而貢

紅葯館集　宋德宜

首稽取民之制、在夏則無弊矣、夫非禹而孰貽此五十畝也、后取民乎、民取后乎、爰制曰貢、誰曰不宜、且古聖人去昏墊手平成、其初本以百姓仰食天子者也、而後乃以天子而食天下、沉災方渙、田愈少則愈珍、藝土初開、事愈艱則愈勸、民若曰非上之有意取我也、二三父老實以此惠報我一人、聞王制取民斷自夏始、賦南山而思禹甸之遐、方其鑄艾休游、一為之永省曰伊誰實賜、而荊揚雍豫遂咸念享有秸秷之原、賦中邦而定則壤之額、以彼深宮軫恤、未嘗不永念曰予切思艱、而侯采甸男自無有愁歎曾孫之嗇、蓋古氏並垂、夏獨以功稱、后云而制以貢。貢以五十。所由昉也。迨降割以前。故址必多腴壤。至更大水而田之入籍者寡矣。塗泥去一。斥鹵去一。谿條又去一。故授止五十。見墻事之維艱也。降猷畝者履天子之八載。媚君王者即致婦子之十千。而輸將其粢後焉。滲和既久。將手漸以妨耕。自初數土而民之歸農者鮮。迨建官省而士爭田。宮室卑而工爭田。化居毋使積而賈又爭田。故分止五十。見儆載之特勤也。作乂及於雲夢。不煩田大夫之咨成。賦編於江淮。亦豈有東西人之歎。而供億詎敢缺焉。蓋國家富庶之餘。易忘本事之隆重。其視穎粟秬秠。不過尋常無足異之物。數傳而後。必至賤菽粟而貴珠玉。可奈何。惟尊而寵之曰貢。使田家織物有與九江納錫同登。而金玉之賦。不先高廩而稱瑞。且人主倉庾自擁。易輕胼胝之勤恤。其視酒漿筐篚。竟屬天朝所固有之賚。流及既衰。必至賦七襄而怨咨相屬。可奈何。唯表而示之曰貢。明上方已豈。一皆小民竭蹶以奉。而朝廷之上。如懷草野而銘恩。是則夏王制貢之意乎。在昔人止見其無藝。而自後人遂以為難行。予請得合商周而畢其說。

中一比以水患初平田少農多爽出所以五十之故說本陳氏對比以民不專於農業故授田止宜五十本徐氏之說而小變之議論皆有根據也後二比切貢字發論眼注下節意義周密詞旨雍容應推天廟之器

夏后氏以松

吳宗師制考取進
福寧府學第二名　潘步淳

論社而上溯有夏意不徒在夏也夫立社固皆有所以不獨夏后氏然也迷其名曰以松意豈獨在夏哉且居今而思建社之義固宜即時王所尚者以為衡論之端何必緬懷共邑而異覽物之思哉然而作甘誓以警衆每報言夫不用命之刑然後知戮人於社自夏已然矣今讀其辭覺當年樹植之制不妨遠引焉為君告也試觀於夏后氏今夫夏社去今邈矣杞鄫何事望卜祀祠之心則並遠而迹已湮也然制以久而莫推其意者物以樹而堪溯其名剏考培植於北牖覺護之風霜酒普不風雨露雷之地廟社既屋徒

增易世之憾則代嬗而境已遷也然訓以遠而莫考其義著物以
樹而堪指其植則稽蔣蔭于東樓覽丸之奇榦猶寓有維柞翠固
之權撥厥所樹蓋以松爲自允士既平以來一身而坐享物貢則
孤桐梔榦非不足以壯郊壇之物色乃何以肇基未闢有松牖而
咨陰獨取乎徂徠豈以當日馨戮防風于會稽必在松陰之下故
樹加木于壇壝亦必取凝陰之材乎然建社之初未嘗矢此意以
告誡天下則夏社以松夏果何所取于松耶究其旨而史策無存
稽其物而錫松已旧是亦饒玉帛者有塗山之淵薮禹甸皆有麥
秀之悲焉已矣自隨山刊木而後四海之貢獻多端則便楠杞

椿亦可以表方澤之清陰乃何以黄龍不紀乎松無而植上必尚乎偃蓋豈以當日老松禹貢自青州可堅器械之用故樹良材于冢土亦必取能堅之節乎然立社之始未嘗發斯言以垂訓後世則夏社以松松果何所宜于夏耶考其義而書闕有間按其物而松若僅存是亦思明德者有河洛之嘆陳禹謨者有疇範之傷焉已矣從來建國與建社類多精意夫夏獨言后國別乎帝終王始之景運而社獨以松莫考改柯易葉之何故雖夏先王國自有隆一代之制乎然社田已廢究難撫往續而強生臆斷抑封姓與封土亦多微旨夫夏獨稱氏國号禘帝宗祖之意義而社独以松

莫識左陽右陰之宜雖夏〻〻〻固自有存美意於良法也然夏
社已屋祇可撫故墟而表跡名社則試由殷而思我周可乎

夏后　潘二

夏后氏以松

吴文宗科試取進福寧府學第六名　潘履□

稷所樹而上溯有夏以松可考也夫社固不獨夏后有也厥樹惟松而夏后已然矣故宰我先為公述之若曰臣考社之制而知不自今始也在昔姒氏自元圭告錫以来祀之似云報者而其制已除於安邑迄今和鈞雒瀍而當日封植之微意此亦數典者所極不忘也已公問社乎夫有虞氏以前多荒畧而難考所可考者夏當甘誓之文有曰不用命戮于社可知夏社之立由来舊矣然今日若時非夏之時而論社必稷其所樹樹亦非夏之樹而論社必遠有所徵厥樹惟松夏后氏不可先言耶夏后氏之王也以水隨

山刊木久歷八年之勤勞而頓此亭亭之偃蓋其植于壇壝上者正以報土功之成夏后氏之尚也以忠制範垂模幾經終身之況蘚而脈此九九之喬柯其培於冢土間者適以答陰氣之正獨是夏后氏四載是乘九州秩同何不遍採宇宙之名材以增壇墠之景色況孤桐奉自嶧陽杞梓生于荆土是亦可取為栽培以聳人觀瞻也而胡為獨有取于青州所貢者為社壯巨觀其殆夏后氏之手澤並松而流貽至今者乎且夫夏道尊命先祿而後威先賞而後罰並來聞荅此意松貽示嗣世迨今更姓改物後而走松是樹則取祖徠以為植儼與前王之車服旌旗共其震孕皆怪石以

冋登悦挟聖君之法宮禁令昭其森嚴夫是以培國本于諸人民者也士君子考古諭昔而觀夫夏社特以松傳未嘗不嘆夏后氏之明德其與松俱遠也大矣嗟乎社之立不獨夏而夏之樹則惟松此未必無稱意存乎其間特以今日者考其夏社而夏社已墟矣問其松柯而松柯已改矣亦惟是遐故址而憑吊撫嘉植以益植也欲稽樹社微旨故老無有能言者臣試由殷人而論我周

夏后

潘二

致廣大而　句

致以見君子之尊而復有必期其盡者焉夫德性自廣大問學至精微也致而盡焉非尊道之兼至乎且以君子而疑聖人之道必有所寔施其力者要不外去私窮理以為功蓋私之既去則初體之曠然者可以勿失而又不敢自托乎空虛故必詳求之名理之途而其功愈以密也尊德性道問學吾得雜言之矣道統天而天統萬物故天曰以其穆清之體範圍天下而不過可不謂廣歟自人得之以為德性而廣者固已在我矣夫惟聖人能從容焉以備其含弘故近不遺而遠不禦而非然者輙若或隘之無他以其有

廣大源頭

高一層跌落

中庸

所蔽也君子克己之功實諸一念迨至克無可克而廣者弗失其
為廣矣否則情偽既開而一物無所托命不幾褻吾德性也哉迨
生天而天生萬物故天日以其乾始之理美利天下而不言可不
謂大概自人得之以為德性而大者又已在我矣夫惟聖人能優
游焉以極其瀰綸故上可蟠而下可際而非然者輒若或小之無
他以其蔽于私也君子慎獨之力矣諸幾微迨至慎無弗慎而大
切私意
者無失其為大矣否則偏私未化而一物有弗歸懷不已負吾德
性也哉我以為尊君子之立體有如是雖然今使凝道者僅從事
乎此必將矯語本然而于理之散諸事物間者概置以為不足圖

幾何不驚廣以自荒窮大而失居也乎然君子卒無慮焉若盖恃
有問學之道以繼其後也問學罔非成迹人或入焉而止目爲粗
由君子觀之而知有精焉者也理在天下所爭不過是非之殊而
是非每介于疑似其初見爲是者徐徐經數年之探索而恍然忽（方是毫
釐之差）悟其非則精者自此出矣夫中材多矜捷悟君子獨不憚夫迂迴
甚至執偶然之名象而朝斯夕斯以樂與爲徒復非好勞也祈盡（盡字寔義）
其精焉耳問學有其粲陳人或泚焉而濩以爲顯由君子觀之而
知有微焉者也理在天下所分不過離合之端而離合每爭夫一
間淺嘗覺其合者徐徐經歷深之所辨而確然實見其離則微者

中庸

可不濟矣夫愚人不闚百慮君子獨好用其心思甚至即目前之事幾而擬之議之以悉捐夫寢食非自苦也期盡其微焉耳精微盡而德性之廣大亦不至空虛而無據矣此尊道之相為功也

體大思精詞腴色潤吾固知夫望之闇即之藹者必非理家上珍

致廣大

致廣大而盡精微

方苞

君子去德性之蔽、而求學問之詳。凝道之始事也。蓋非聖人則意不能無蔽、而理不能皆析。致之盡之。烏可以已乎。且吾性之體然者不可以私意隘之。而體然中之萬理皆備者。又必毫末無失。而後能肖其本然。君子之尊德性而道問學也。蓋以道之洋洋而統乎天地萬物者。非廣大不足以承之。人生而靜。本自廣大也。而不可梏也。感物以動。已日就于偏狹也。而不必憂也。惟在乎有以致之而已。抑以道之優優而偏乎禮儀威儀者。非精微不足以合之。理探之而愈深。其精微者不易出也。而不必畏也。心用焉而輒格。其廣大者易相蒙也。

而不可驟也要歸于有以盡之而已而何以致之乎蓋第思其所以不實不大者而力有所施矣擾擾于情識之私（是私意不是私欲）則氣日以昏有追塞乎吾性之中而藏之者矣偏持乎意見之私則理有所滯有蔽虧乎吾心之體而域之者矣惟防吾意之役于外者察吾意之膠于內者盡袪其迫塞蔽虧之物而真覺萬理之皆備矣使無以致之亦烏知天地萬物皆依吾性以爲體而廣大如是哉而何以盡之乎蓋自察其所以不精不微者而其間可得矣心歷乎艱難煩賾遂以爲窮而無所入則有苟且而安于闊疎者矣理得其大端近似遂以爲當而無所疑則有輕忽而遺其本量者矣惟已窮者復求其入已信者復

觀朱子解經駁正先儒處一一見

致其毓盡去其苟且輕忽之心而真覺有毫末之不可乘者矣使無以盡之亦烏知三千三百無一非人心之所藏而精微若是哉精微

今行情理非大立存

本由廣大而出使方寸之間真妄錯雜而有所蔽則肫然不見一物矣而況能盡乎義理精微之極乎故君子自恢其德性者非擴其量而以致虛乃清其源而以鑒物耳而廣大必合精微而成使事物之理通塞相半而不盡明則私意即緣之而宅矣不益蔽此心廣大之體乎故君子不遺于問學者非逐于外而以求稍益乃拓其內而與本日剝耳夫俗學之病易見也而廣已造大而不要于問學之實者

此義補出更完密

人第知其精微之未盡而不知其廣大之未[illegible]亦未于之無知野

方

人之無偽者亦可以謂之廣大也哉。

親切有味知于此事曾痛下工夫 韓慕廬先生

思能入理言能盡意人皆勉之我獨有餘想見引筆行墨之樂盍

遍求

端厚易直理顧正宗 王子中

讀此愈知陸王之學空踈無當 戴田有

致廣大而盡精微

方棨如

致與盡有兼功，而道之大細可凝矣。蓋致廣大，則心無所蔽，而理可析矣；乃復盡其精微焉，道不已凝與？且道也者，本於天，散於物，極之經緯萬端，無所不貫，而其理皆具于吾之一心。理具于心，故有外之心不足以合道，而以理之無細不究也。苟有略觀，以忽焉而止，則有所蔽；亦即有所虧，故當小其心以入之，而道可凝焉。夫君子之尊德性也，心尊之也。何也？心之廣而無不之也。（心法剛法中自發二字細入）舉天下之物無或格於其外者，而心則自格之。（其心意不是私欲）蓋心惟無所之，斯無所不之耳。以所見者云為方，則惟明之舍，拘於其據而云[illegible][illegible]將牽而不得騁致廣者即不必泊然無所起也而不為求是則合一往一來而適得其周流六虛之體裁觀坤以廣生而動闢之機原於靜翕大君子之致廣亦若是則已矣心之大而無不有也褒天下之物無或遺於中者而心則自遺之蕃心惟無所有斯無所不有耳得一察焉以自好則方寸之中聚以其類而森羅萬象將散而不能斂致大者即不必其游而無所依也而非其私暱則任見仁見智而不得其究洞無物之洞我觀乾以大生而動直之用歸於靜焉夫君子之致大亦若是則已矣而又必道問學者何也以盡其精微也精與粗為對者也乃粗之中有精焉精之中抑有粗焉但

總括貌心說

使秋毫之可析則猶涉於膚而又恐過於求精者之治絲而棼之
上異毫釐異嫌
於理窺其際而歆同以爲異又合異以爲同乃至意言象數之所
交定望字
無處而分刌節度如可掛一而餘奇則精而無淪矣盡矣而非間
學末由也微與顯爲對者也乃顯之中有微焉微之中抑有顯焉
但使形似之可求則已豈其蘄而又恐妄以求微者之入幽深見
有然成形
也下理窺其深而本隱以之顯又推見以至隱乃至聲色象貌之
所未形而變化端倪如可自喻而手揣則微而無間矣盡矣而非
是而學者有精理
聞學末由也蓋以析理總恃此心之靈技必純續其無意無我之
天使之虛以生明而後可分窮夫杪忽之有秘者乃無一理之藏

續集

欽當直窮之至纖至悉之界使之靜而常覺而愈可思矣乎明從
而所以尊其道者猶不止此也
嘉肴自將不吮餘焦然非謂龍肉也人自烹飪無方使腥臊而
不可饗耳蹈正超常得謨皇甫男趙年誌

致廣大而盡　二句　周大璋

即致極以存心又可兼其知於盡與道焉夫精微寓於廣大中庸本乎高明致且極焉而盡與道即因之君子尊道之功不已有其兼舉者乎吾嘗觀于聖人而竊嘆其心何浩乎莫測其涯涘也巍乎莫並其昭融也而且知已極于淵深行已底于光大也下此能幾者則惟君子君子果何修而能致此南今以思而知其自尊德性道問學中來也夫君子尊道[illegible]功不一而足而其本末未有不相因者也將舉古今之理而研而究之而由粗以至于精由顯以至于微而與其心先自處于狹小焉則翕受不弘發且域于意見之

提筆高老

是入高警

中庸　癸卯正科　三十二名　蘧初堂

中庸　□卯正科三十二名　□初璧

竊胸無霾蔽之蒙而欲以窮斯道之奥義何不偏長莫辨乎君子

洞中肯綮

知廣大者固窮理之本也萬物皆備吾德性本自寬然大其心以

二語是不以一毫私意自蔽

容天下之善私智不以自矜小長不以自限旅乎無垠廓然天地

而先手奪一步

品物為一體閎浩浩乎廣大之莫閡矣由是以之窮理而錯綜之

以盡變參伍之以盡神幾微疑似之辨不得而清之而廣大中之

精絕

蘊奥乃無隱之不微焉以大無外者落精微之體即以小無內者

極廣大之用致與盡固有相須為功者矣非茫者出乎其外以運

示積筆力隨道至當

其神明不能入乎其中以尋其變化則新理偶差纖萬善歸懷而

淵深之失不免其何以見學聚問辨之益哉將舉天下之理而堪

而由之而偏者裁之使歸于中奇者矯之使歸于庸而其心先自滿于卑污焉則光明有虧終且沉于物欲之累心無俊偉之概而欲廣我于時中之詣我何不行焉多事乎君子知高明者又制行之本也純粹以精吾德性本自瑩然清其心以卻萬感之擾非我不以之冒貢惱擾不使之或即淡然無欲超乎天地萬物之表固義之乎高明之莫並矣由是以之制行而一物必順其則一事必循其理經權常變之用不得而膠之而高明中之化裁乃無施之不當焉以廓然大公者亦中庸之慕即以物來順應者善高明之應極與道固有相因并進者矣非然者內焉雖見其無私不能亦

俊華凌雲

是是二語當無比

焉。以求其當理。則處事多謬。縱一疵不存。而偏倚之端未化。其间
以見好學善道之功哉。而君子尊道之事。正不止此也。

大主考吳批
明辨晳也。純粹精也。氣勢雄渾。宛後有長江大河。渾灝流轉之概。

大主考李批
精微寔溟涬。上下截水亂交訣。環繞中那得更有銅墻鐵壁。

本房嚴加批
氣象磅礴。直合古人。體易熟於理解。不失累黍。高明廣大。精微二
中庸文亦兼而有之矣

致廣大而　四句　　徐陶璋

歷言尊道之功、心存而知致矣、蓋不存心而知無以致、存心而知又不可不致也。即尊道之功而詳盡之、不已德修而道凝耶。且夫道之屬於聖人者、以聖人之與道爲一也。（借聖人陪君子襯題不沒實位）私安不緣而自通乎事理。知能已化而無假於擴充。則道之大者無不統、道之細者無不貫。夫亦可優游而自得矣。而修凝之君子不然。試就尊德性道問學之事言之。吾性中無物不具者何廣大也。（非存心無以致知）私意蔽之而廓然者遂不免於隘蔽於私而析理無其本矣。廣大可不致乎。致之焉。力持於意之所發、不使私之得以蔽乎其體。則萬理已包涵於廣大

存心人不可不致知

之中而猶恐見理之有未確也問學焉而於粗之中辨其精焉復於精之中得其尤精於顯之中格其微者復於微之中索其尤微

從下截說轉上截

其或有纖毫之惑使人謂廣大之失於疏略者無之矣尊道之功此其一吾性中一物不雜者何高明也私欲累之而清虛者遂不免於昏累於欲而處事無其基矣高明可不極乎凜凜焉力防乎欲之所誘不使私之得以累乎其體則萬事已澄徹於高明之內而猶患臨事之有不當也問學焉而酌其宜以得乎中者即通其變而仍合於中且安於庸而無或異者即見為異而仍無不庸其或有謬戾之端使人謂高明之忽於裁制者無之矣尊道之功又

其一均是知也已知者具於德性之中所謂故也未知者籍於問
（从起股法變化）
學之事不有新乎恃其已知存亡莫必畏其未知考究不深不可
也溫焉而孩提赤子之良涵泳於心而不去由是因已知而可推
（存致相因融化得好）
及於未知而特難於安坐而獲其知也義理弸然以講習討論而
新機始出則既於溫故而養靈明之本復於知新而通著變之端
（及收與股頭相配）
而所知寧有量哉均是能也已能者原於德性之內為已厚矣未
能者資於問學之功豈無禮乎信為已能培養或疎怯於未能操
持不力不可也敦焉而惻怛慈愛之意固守於心而不失由是因
已能而可推及於未能而特難於自然而多所能也儀文無盡以

稿　中庸　致廣大

推求詁詢而禮數務明。則既於敦厚而全忠信之德。復於崇禮而

善。經。緯。之用而所能寧有窮哉。修凝之功全矣。

切實中氣自動。盪若一味呆疏。便如頑重之石。不可轉運也。文

故貫於有筆。

逐句梳櫛。而存心致知相因處。又極融洽自然。　顧景炎

朴老密緻。辦香故自歸胡。慶曆以後。輕麤詭僻。此格成廣陵散

矣。　皆虞

致廣大而 四句　　黃師瓊

詳尊與道之事、修凝有全功矣、蓋尊與道、必各盡乎其事、而修德之功乃全也、君子之凝道也有以夫、今夫修德以凝道者、功必期乎其備、事必務乎其詳、非先得其要、固不知所以定其歸、非各為之程、亦不知所以用其力、此其間自有節目之可循、而條理之皆貫者、君子修此故全也、吾得詳尊德性而道問學之事、潛﹅乎規模之無外、中無所間、而萬理畢涵、恢﹅乎境宇之常宏、中無所豢、而萬物皆備、其廣且大者、非德性耶、而自隘之、而自小之、無他、有所蔽焉故也、君子于是乎致之、制防乎其外、所以細其本無捍﹅之

是四句　題不是一節題　細　貼　致字兼內層說

乎其中所以存其固有而其理之散而寓者求之而不可窮已乎
未嘗以宅心浩博而或失之疎也是非疑似之介研究于靡遺剖
析乎至當粗浮不事而乃有以得其粹深君子之盡精微所為間
學以窮夫廣大中之蘊也巍巍乎體量之自崇物不能撓而仰而
獨絕奕奕乎輝光之有耀物不能掩而煥而常新其高且明若非
德性即而自卑之而自闇之無他有所累焉致也君子于是乎極
之即闇以為存不使遷于異物常免以為復不使失其本初而凡
事之來于前者處之各有其則君子未嘗以居心曠達而或求之
異也日用不易之經偏倣在所必絕隱怪在所不為趨向不岐而

乃有以正其行。習君子之道。中庸所為問學以善夫高明之用。
也。若夫降衷之恒。溯諸其始而渾然至明。返諸其中而惺然有覺。
（故字真）
德性中固有是知之得于生者。其故者也。而後起之端。恒得以消
（溫字真）
其體。君子尋繹乎聦聽之原。時若逢其夙解。反復乎澄徹之境。時
若憶其舊聞。故者溫矣。而道凝乎萬事萬物。非擴其識以求之。不
（知新真）
得也。從疑以得悟。神明出而意境日更入。積少以至多。聞見增而明
聦日闢。蓋問學以知新。則以其知之由于學。合乎知之得于生者。
（句有力）
君子于是乎有全知矣。至于誕受之實。一私不入。而粹然以淳一。
（厚字真）
欲不乘而渾然以善。德性中固有是能之本于天者。其厚者也。而

致廣大而盡精微　二句

賈國維

君子心無所私而後究夫事理之極焉夫廣大而高明者德性也而理至精微事者中庸當問學所宜然者君子所以交盡其功哉且夫聖人之道涵於心體之泰然散於事理之當然原不為內外之私所（全寸軒朗）中而折之處之無不善也若有志希聖者則非克微之久無以啟其蔽而消其累非力學之深無以研其幾而制其宜其遺在人為而已矣君子何以尊德性而道問學哉今夫德性也者天地在其內民物（作者落一字如山讀）裕其中固至廣至大而為萬理之所從出也自私意生而人我異同（有蕢字如寶）之心遂以分畛域始也隔其途久之窒其徑縱極我生之聰明以從

夫

事所說之學吾恐中有所蔽析理之本先失矣是不可無以致之幾

微之殊者不參一息之真言必嫌其於德性非有所益也不過知其

蔽而除之除已復還乎本來浩然之體而開學則又思異使必以廣

心浩大者從事於詩書則踈密之心與理渺不相入勢必至所謂廣

大者而昧之是故精微又責盡焉深明於耗似力爭於毫釐片理在

是非可否莫不探賾索隱而求其殊途之一致夫如是則以心窮理

復以理制心以廣大之體謂精微之蘊而盡者皆實也以精微之理

運廣大之中而散者皆聚也君子之功廣乎踈密交劘也哉今夫德

性也者遇事而見其委靜觀而得其通固至高至明而為萬事之所

致廣大而盡精微　二句　賈國維

（龍脈淵綿）

侍洪也自私欲起而玩耽憧擾之然無以超凡近始也徇乎物繼也
說其超即竭吾生之才力以從事踐履之途吾恐中有所累處事之
源先承矣是不可無以極之志氣常伸於衆物神明豫綽乎非幾其
於德性非有所加也不過知其累而克之遂以復全乎天性超然之
體而開學則又異是使必以窮高極明者裁制乎幾宜則奇異之行
與事渺不相協勢必並所謂高明者而失之是故中庸又貴道焉務
合乎規矩不違乎尺寸處理之無過不及者無不因事制宜而求其
（文氣充練是暢）
天理之極致夫如是則以心聽事從以事檢心高明之德至崇閎以
平易者養之而性情不識於偏倚也中庸之理在日用以超曠安佐

之而學術不疵於拘牽而著乎之功服乎本來交修者幾而未嘗修

凝之全量也

理扶質以立幹文垂條而結繁　方翹夫

步步驪實旁通發揮務使精縕無遺而一經一緯皆挾健厚之氣

令閱者豁於目而愜於心凡灑大理題皆當奉此為楷式　曾巖

致廣大而盡精微

劉巖

君子之存心致知者，惟致與盡之交至而已。夫廣大精微，有一之不至，則無以存心致知矣。致之盡之，烏可不交用其力哉！且君子之心不可不存，而知不可不致也，則必居敬以立窮理之原，窮理以擴居敬之體，而其所以存心致知者，乃有以並造其極而互翊其功，非可苟焉而已也。夫德性以心爲會歸，問學以知爲從入，則必心凝而後性定，亦必知至而後學精。于是乎存心非一端，而一則曰致廣大；致知非一事，而一則曰盡精微。浩乎其周徧也，而靡所慊乎其弘峻也，而大焉心之量始有以涵之[無]外者，而無有纖

毫之私意偶得而蔽之則不勝其隔且[illegible]之[illegible]存心者其不可
以莫之致矣惟宅廣居以持志養大体以立心收斂于至靜之中
雖無思無為而其心常至遠而莫之禦矣存養其至虛之室雖惟
淵推默而其心常廓然而莫之圍矣蓋私有纖毫之少隔于中則
心滯于一隅而不能有周流無窮之意今而致之則吾之心無有
所限量也矣純乎其無疵也而精焉冥乎其無迹也而微焉物之
理始有細入于無倫者而或有幾微之差失求從而析之則不勝
其辣且累之情而致知者其不可以莫之盡矣惟研幾以精義思
睿以通微已善而更求其善則至純至粹而其知常達乎化而其

能窺矣已深而更極其深則至渺至幽而其知常窮于神而莫能測矣蓋理有幾微之未窮其隱則心粗而未化絲緒有未達一間之疑今而盡之則吾之知無所不貫通也矣知不能精微則忽于理者必雜于私而遂失其廣大惟精微盡而後能廣大蓋精微即（文至意足融到）廣大之蘊與而德性非馳志于空虛心不能廣大則雜于私者必忽于理而遂失其精微惟廣大致而後能精微蓋廣大即精微之發揮而問學非溺情于瑣細然則盡而先致其致知先在所養乎（貫串[illegible]學）致而又甚其涵養用敬而進學又在于知乎

惟此題一句是存心致知正位其下二句也ノ本膠轕矣自記

新稿　中庸

廣大精微四字刻劃盡致　沈相彪